이은빈

https://brunch.co.kr/@eblove216

프로젝트 관리자. 아프리카 지역학 전공하고, 스물넷에 우연히 IT 회사로 들어가 PM
이 되었습니다. 홍대 살고 종로에서 일해요.

발 행 | 2022-05-20

저 자 | 이은빈

펴낸이 | 한건희

펴낸곳 | 주식회사 부크크

출판사등록 | 2014.07.15(제2014-16호)

주 소 | 서울 금천구 가산디지털1로 119, A동 305호

전 화 | 1670 - 8316

이메일 | info@bookk.co.kr

ISBN | 979-11-372-8315-2

본 책은 브런치 POD 출판물입니다.

https://brunch.co.kr

www.bookk.co.kr

ⓒ 25살 문과생의 PM으로 살아남기 2022

25살 문과생의
PM으로 살아남기

이은빈 지음

CONTENT

문과생, PM 되다

1. (신입) 프로젝트 매니저 인생 – Prologue

2. PM의 하루, 월요일 일기

3. 스물넷, IT 기업 신입 PM 준비하기 1편

4. 스물넷, IT 기업 신입 PM 준비하기 2편

5. 현직 PM의 전혀 관련 없는 경력들을 돌아보며 1편

6. 현직 PM의 전혀 관련 없는 경력들을 돌아보며 2편

7. PM 신입 수습기간 생존기

8. 24살 프로젝트 매니저(PM)가 생각하는 필요 역량

9. 자퇴생이었지만 영어는 죽어라 공부했어요

PM 커리어 쌓기

1. 초보 PM이 하기 쉬운 4가지 실수

2. 두 시간에 책 한 권, 효과적인 직장인 공부법

3. 외국계 회사 직장인, 빠른 영어 공부법 4가지

4. 프로젝트 매니징에 도움되는 책 4권

5. 퇴근 후 한 시간, 몸값 올리는 PM 공부 사이트 4곳

6. 스크럼 마스터 (PSM I) 자격증 후기

7. 개발자 없는데, 사이트는 빨리 만들어야 한다면?

8. 기획이 끝나고, 개발자에게 일은 어떻게 넘길까?

9. 애자일(Agile)적인 비즈니스 본부와의 소통 방법

10. 스타트업, 단기간 투입될 국내/해외 프리랜서 찾는 법

11. Resource Management, 효과적인 관리법

PM, 직장에서 나를 보호하기

1. 피드백, 빠른 성장에 과연 도움이 될까?

2. 제발 그냥 못하겠다고 말해주세요

3. 직장 번아웃, 힘들 땐 이렇게 시도해 보시겠어요?

4. 커리어를 발전시키는 퇴근 후 부업 4가지

PM, 사회초년생입니다

1. 홍대 사는 힙한 사회초년생입니다

2. 사회초년생에게 야심 찬 목표는 부질없어요

3. 아프리카에서는 시간이 거꾸로 간다

4. 아프리카의 선과 악: 다양한 가치관에 목마른 당신
   에게

5. 잘 될 거라 믿는 것에 대한 두려움

\<25살 문과생의 PM으로 살아남기\> 를 소개해요.

안녕하세요, 홍대 살고 종로에서 일하는 은빈입니다. 글쓰기와 베이킹을 좋아하고 주말에는 피아노를 치거나 북카페를 찾아다녀요.

한국외대에서 아프리카 지역학을 전공했지만, 지금은 IT 스타트업 회사에서 프로젝트 매니저로 근무합니다.

비록 문과생이고, IT와 마케팅은 전혀 몰랐지만, 보고 배운 걸 즉흥적으로 기가 막히게 잘 써먹는 능력 하나로 매일 공부하며 잘 생존 중입니다. 아프리카 전문가라는 타이틀을 얻었던 것처럼, 이 새로운 분야에서 최고가 되겠다는 목표로 열심히 달리고 있어요.

직무에 관심 있거나 현장에서 일하시는 여러분께 제가 보고 배운 모든 걸 공유하고, 직장 생활을 시작한 사회초년생의 시선에서 바라본 사회에 대한 생각, 소소한 일상도 공유하고 싶은 마음에 글을 쓰게 되었어요. 1년 3개월 동안 PM, 직장인으로 있으면서 느꼈던, 일기에 담은 나만 간직하던 이야기를 시작할게요.

- 만화 연재: @pm_life_24(인스타그램)
- 프로필: @babylion.eun(인스타그램)
- 브런치: https://brunch.co.kr/@eblove216
- 유튜브: Babylion-3분으로 끝내는 아프리카

(신입) 프로젝트 매니저 인생

- 프롤로그 -

문과생, IT 회사로 들어가다

나는 한국외대 아프리카 지역학을 전공한 문과생이다.

우리나라가 외교적으로 아프리카와의 수교 관계에 박차를 가하고 있는 동시에 아프리카 전문가 인재를 찾는 프로그램이 활발해지며, 덕분에 우리 학부 대학생들이 취직할 수 있는 기회는 다양했다. 나 또한 외교부에서 관련 대외 활동과 인턴십을 했고, 여러 기업에서 문화 강연을 도맡기도 했으며, 정부 전액 장학금으로 아프리카의 두 나라인 에티오피아와 케냐 국제기구를 방문하기도 했다. 4학년 때 남아공 케이프타운에서 교환학생으로 지내며 외교부 해외취재원으로도 활동했다.

아프리카 지역학은 내게 애착이 갈 정도로 흥미롭고 신비한 분야였다. 치열한 경쟁이 가득한 한국 사회와 달리 아프리카 대륙 곳곳의 문화는 다양하지만 전체적으로 여유롭다. 고요하고 평화롭고 다채로우며 숨 막히지 않다. 전공을 사랑한 만큼 그 분야의 전문가로 열심히 활동했고, 졸업 후에도 관련 정부 기관에서 근무하게 될 것이라고 굳게 믿었다.

에티오피아 African union 국제기구 앞에서. (2020.01)

그러나 졸업 전에, IT 회사의 프로젝트 매니저 보조원로 채용되었다.

가장 치열한 서울 직장인의 성지 중 한 곳인 종로. 개발팀 본부 (Production division)에서 개발자들, 디자이너들이 함께 한다. IT와 마케팅을 결합해 제품을 만들어내는 우리 회사는 미국 실리콘밸리, 싱가포르, 북유럽 등 각지로 진출하고 있는 빠르게 성장 중인 스타트업이다. 한국인 뿐 아닌 프랑스, 미국, 노르웨이 등 다양한 국적의 엄청난 역량을 지닌 프로페셔널들이 모여 협동하는 곳이다. 대부분의 소통은 영어로 이루어지고, 모두가 극도의 효율성을 위해 가장 혁신적인 시스템을 따르고, 시도하고, 수시로 도입한다.

막 학기를 앞두고 전혀 다른 분야에 취업하게 된 건 나도 예상하지 못한 전개였다. 인생의 새로운 장이 시작되며 루트가 완전히 바뀐 건 사실 내 선택이었지만 - 내가 이 회사에 지원한 건 맞으니까 -, 그 세계가 날 진짜 받아줄지는 몰랐다. 전혀 다른 분야지만 이 세계에 매료되어 열정적으로 일하고 있다.

비록 문과생이고, IT는 전혀 모르는 나였지만. 보고 배운 걸 즉흥적으로 기가 막히게 잘 써먹는 능력은 있었다. 아프리카 지역학에서 전문가라는 타이틀을 얻었던 것처럼 이 새로운 분야에서도 최고가 되고 싶다는 강렬한 목표가 생겼다.

매일 트렌드가 바뀌는 IT, 마케팅, 심지어 스타트업이기 때문에 수시로 바뀌는 기업 문화를 고려하면.... 직장 생활은 하루도 고요할 날이 없다. 매일이 전쟁 같고 수많은 일들이 폭포수처럼 쏟아지는 그런 나날을 보낸다. 동시에 새로운 지식과 기술을 끊임없이 배우고 함께 성장할 수 있는, 진정한 인재들의 역동적인 활동이 가능한 환경에 매일 감탄한다.

> **❝**

지금 20대들이 성공하는 루트를 180도 바꿔야 한다. - [뉴타입의 시대]

[뉴타입의 시대]라는 책을 읽었다. 예전에는 하나의 전공으로, 하나의 직업으로, 하나의 회사를 통한 '원 루트' 방식의 성공이 가능했지만 지금은 그렇지 않다. 아무도 코로나 19가 지구를 덮을지 몰랐던 것처럼, 격변하는 사회 속에서 어떤 일이 갑자기 생길지 모르는 일이다. 그래서 그동안의 상식을 뒤엎는 새로운 사고방식을 가지고 생존해야 한다는 내용이었다.

개인은 최대한 다양한 분야를 경험하고, 각 분야의 최고가 되려고 노력하는 과정에서 자신이 잘하는 걸 하나씩 발견하는 게 중요하다는 것이다. 나의 역량을 그렇게 발견하다 보면, 얼마 동안 시간이 지나 그 역량들을 어떻게 이을 수 있을지가 눈에 보인단다. 그렇게 끈을 묶듯이 잇다 보면 나만의 새로운 직업을 만들어내는 동시에 나 자체를 브랜딩해 기업화 시키는 게 가능해진다. 어차피 이제 독특한 개인의 개성과 스토리를 주목하는 시대다.

환경이 격변한다는 건 기회가 많아진다는 뜻이기도 하다. 필요한 부분이 메꿔 지기도 전에 다른 틈새가 생긴다. 그 틈새를 메꾸는데 내가 지닌 어떤 역량이 어떻게 발휘될지 아무도 모르는 일이다.

결국 중요한 건 어느 분야를 맞닥뜨리든, 그 분야에서 생존하고 최고가 되려고 발버둥 치는 것이다. 다양한 분야를 알아보고, 맛보고, 무엇이라도 잘해보려는 노력은 후에 빛을 발한다. 잠재력을 끄집어낸다.

스물넷이라는 내 나이에 코로나 19는 큰 타격을 준 사건이었다. 앞으로 어떻게 생존해야 할지 고민과 고민을 거듭한 끝에, 다른 분야에 취직하기로 한 내 결정했고, 그 결정이 옳았다는 직감적인 확신이 있었다. 아프리카에서 IT/마케팅으로 옮겨왔지만 기적적으로 잘 적응하고 있으며, 괜찮은 성과를 내고 있다.

매일 새로운 일 투성이고 롤러코스터 같지만 안정적으로 직장 생활을 하고 있고, 다양한 이야깃거리들을 나누고 싶은 마음에 글을 쓰게 되었다. '프로젝트 매니저'라는 직무는 고용 시장에서 경쟁이 심하지만 국내/해외에서 모두의 관심을 받고 있다. 어떤 '제품'을 파느냐에 따라 직무 유형이 달라지기는 하지만, IT 분야의 프로젝트 매니저로서 들려주고 싶은 나만의 스토리가 많다. 이 책에 담은 정보와 나의 생각이 조금이라도 여러분에게 도움이 되었으면 좋겠다.

PM의 하루, 월요일 일기

흘러가는 나날을 붙잡아 기록하며

아침 9시 43분

늦게 일어나버렸다. 어제 새벽 세 시까지 뭐하다가 잤는지 기억이 안 나지만 시계를 보니 9시 43분이다. 10시부터 11시까지 사무실에 도착해야 하는데 (우리 회사는 탄력근무제라), 늦었으니 10시 30분까지 가는 것을 목표로 하고 벌떡 일어난다. 이불은 베이지색과 갈색이 섞인 밝은 톤의 컬러이고 호텔용이라 폭신하다. 사랑스러운 내 이불을 당연히 개지 않고 그대로 놔둔다. 바로 화장실로 달려가 5분 만에 화장을 끝낸다.

전날 골라 놓은 옷이 있는데도 변심이 작용해 옷장을 열고 새 옷을 찾는다. 모순적이지만 더 화끈하면서도 직장에 어울리는 단정한 스타일을 추구하고자 옷을 다 꺼내 찾다가 결국 골라 놓았던 옷으로 주춤주춤 돌아간다. 아마 팽개쳐 놓은 옷들은 밤에 와서 정리할 것 같다 (아닐 수도 있고).

오전 근무

사무실을 들어가자마자 냉장고에 구비되어 있는 제로콜라 캔을 꺼낸다. 커피 기계에서 아메리카노 따뜻한 한 잔도 같이 내린다. 노르웨이에서 온 개발자 분이 가지고 온 프렌치 커피 기계가 있긴 한데 그건 너무 맛이 진하다.

종이컵에 담은 뜨거운 커피와 제로콜라 캔을 가지고 사무실로 들어가면 이미 많은 개발자분들이… 없다. 11시에 오시는 분도 있고 그 이후에 오시는 분도 가끔 있고 하다. 아주 자유롭다. 노트북을 켜고 오늘 배포할 수 있는 이슈가 없나 확인한다.

몇 가지 기능이 준비된 것 같아 QA 팀과 확인하고 담당 개발자분들을 태그 하여 "점심 이후" 배포를 요청한다. 백엔드, 프런트 팀원들이 같이 배포해야 하니 시간을 맞춰 배포하도록 안내한다. 프랑스와 미국 등 멀리서 원격 근무하시는 분들도 있어 현지 시간을 고려해 오후 늦게 하시도록 배포 시간을 조정하기도 한다.

개발 본부에서 진행되고 있는 프로젝트들 상태를 업데이트한다. 각 개발자분들과 현재 상태를 파악하고 필요한 리소스는 없는지 슬랙(업무용 메신저)에 하나씩 댓글을 달아 문의한다. 이미 진행이 시작된 프로젝트라면 칸반(Kanban) 보드의 '기획' 보드에서 '진행 중' 보드로 옮기고 "오늘 진행된 것을 확인. 디테일은 아래와 같음" 등의 코멘트를 메모로 남긴다. 후에 히스토리를 파악할 때 바로 참고할 수 있도록 하기 위함이다.

프로젝트 상태가 모두 업데이트되면 로드맵에 잘 표시되는지 꼼꼼히 보고 마케터 본부 사람들을 태그 해서 참고하라고 공지한다. 마케터, 영업팀이 사용자, VIP 고객들과 연락할 때 참고해야 하기 때문에 반드시 전달해줘야 한다.

점심

나는 정말 국밥을 먹고 싶지 않다. "어제 갔던 식당을 갔으면 다음 날에는 다른 식당을 가고 싶지 않냐"는 나의 질문에 개발자 동료가 "어제 갔던 식당의 메뉴가 맛있었으면 다음 날에는 그 식당의 다른 메뉴를 먹어보고 싶지 않냐"라 대답한다.

이 논리적인 대답에 반박할 수 없어 무리 지어 움직이시는 개발자 분들 몰래 다른 곳으로 빠져나가고자 한다. 한국 토종 버거가 먹고 싶어 왼쪽으로 몸을 트는데 프랑스 개발자 두 명과 친한 개발자 동료 한 명이 따라온다. 새로운 버거 종류를 시도해보겠다며 종각역 4번 출구까지 먼 길을 가야 하는 위험을 무릅쓰고 나를 쫓아온다.

기본 버거를 시켜 한 입 베어 문 프랑스 개발자는 배 채우기용으로 딱인 버거라는 평가를 내린다. 아마 앞으로는 그냥 가까운 버거킹에 가실 것 같다.

개발자 분들은 맛있으면 잘 드신다. 같이 메뉴를 정해 가기가 쉽다. 반면 나는 전날 저녁부터 내일 점심에 뭘 먹는 게 더 나을까 치열히

고민하기 때문에 매일 메뉴를 정할 자신이 있다.

점심 먹고 회사가 복지 차원서 제휴한 카페에서 무료 음료를 챙기고 사무실로 돌아오니 일찍 돌아온 멤버들이 라운지 소파에서 TV 키고 카트라이더 게임을 하고 있다. 몇 달 내내 저것만 하시는 걸 보며 다른 게임은 하실 생각이 없으실까 궁금해진다.

오후 근무

CTO가 마케터 본부에서 회의를 마치고 돌아오시더니 제품을 사용하시면서 발견한 몇 가지 버그를 리스트로 적어 내게 건네신다. URL 링크를 주며 하나씩 확인 가능할지 보라고 부탁하신다.

아무래도 상급 리더가 주신 것이니 우선순위에 놓아야 하지 않겠는가. 링크를 타고 들어가 묘사한 리스트대로 재현해보고 담당 개발자와 이야기해본 후 이슈로 만든다. 확실치 않은 건 스크린샷 영상이라도 달라고 부탁한다. 이슈들을 다 만들고 담당자들에게 주는 게 시간이 꽤 걸린다.

마침 개발자들로부터 하나씩 배포를 완료했다는 메시지를 받는다.

이슈들을 칸반 (Kanban) 보드에서 "배포 완료" 쪽으로 옮긴다. 그리고 마케터들에게 전달할 가이드라인을 작성해 어떤 담당자, 디자이너, 기획자 덕분에 무사히 배포되었다는 메시지를 회사 전체 채널에 뿌린다. '하트'와 '좋아요' 이모지가 마구 달리는 걸 보니 흐뭇하다.

팀장이 너무 바빠 처리하지 못한 몇 개의 작은 기획 이슈들을 내가 받았다. 구글에서 데이터를 받아와 UI 상 표시하는데 구글이 최근에 UI 포맷을 바꿔서 우리 쪽도 업데이트를 해야 한다. 어떤 UI가 가장 유저 입장에서 좋을까 잠시 고민하다가 구글 PPT로 프로토타입을 만들어 바로 뒤에 앉은 디자이너에게 피드백을 요청하며 보여줬다. 아이콘 위치를 포맷 바깥 말고 안쪽으로 넣는 게 편할 것이라는 의견을 들었다.

근데 담당 개발자에게 물어보니 아이콘을 바깥으로 넣는 게 기존 디자인 리소스를 활용할 수도 있고 더 편하다고 한다. 어차피 자주 사용하는 기능이 아니라 개발자가 개발하기 편한 방법대로 하기로 결정한다.

저녁

요즘 예쁜 공간 찾아다니는 것에 맛을 들여서 홍대와 신촌 근처 숨겨진 카페를 미친 듯이 찾아본다. 점심때 찾아 놓았던 간판 없는 우드 색 느낌의 카페에 찾아갔다. 부드러운 크림이 올려진 아인슈페너 시그너쳐 메뉴를 마시며 들고 간 개인 노트북을 연다.

일기를 쓰거나, 브런치를 쓰거나 그냥 아무 글이나 무작정 쓴다. "프로젝트 관리자가 알아야 하는 97가지" 책을 마포구 도서관에서 빌렸었다. 마침 가방에 있길래 읽으며 노트북에 빠르게 타이핑한다. 아인슈페너만 먹기 안타까워서 카페에 진열된 초코 마들렌도 추가 주문한다.

슬랙(업무용 메신저) 앱이 폰에 저장되어 있어서 나도 열어본다. 이게 은근 중독성이 있는 앱이라 워커홀릭들에게 치명적이다. 잘못하면 새벽에도 일하게 될 수 있다.

오늘 동료들과 한 대화들을 훑어보다가 내가 대답 못한 놓친 질문이 있었음을 발견한다. 아주 극도의 J 성격인 나는 지금 대답하고 싶어 안달이 난다. 많이 기다리셨을까, 급한 건 아니었을까 생각에 몸부림치다가. 가만, 급하면 전화라도 했겠지, 하며 스스로를 안정시킨다.

슬랙에 '메시지 예약' 기능이 있어서 답변을 적고 예약된 시간에 전송되도록 걸어 놓았다. 이제 속이 좀 시원하다.

집에 돌아와 따뜻하게 씻고 자리에 누워 인스타 릴스를 계속 본다. 마침 친구에게 토요일에 여자들끼리 놀러 가자는 카톡이 온다. 바로 예쁜 카페 세 군데를 추려보겠다고 대답하고 핫플레이스를 미친 듯이 찾아본다.

아침에 내팽개쳐진 옷들을 보니 미안한 마음이 들어 옷을 다시 차곡차곡 옷장으로 집어넣는다. 분명 내일 다시 뒤집어 꺼내겠지만 옷을 위한 최소한의 예의를 지키자는 마음에서.

이제 잘 거다. 아무도 날 건들 수 없다. 침대에 누워서 인스타 릴스를 계속 보다가 고개 아픈 채로 잠든다.

스물넷, IT 기업
신입 PM 준비하기 1편

미국대사관 재단 퇴사, 그리고 2주 후의 기적적인 입사

작년 7월, 내 나이 스물셋, 대학교 3학년 방학.

나는 남아프리카공화국이라는 아프리카 나라에서 교환학생을 마치고 앞으로 살아갈 내 인생을 고민 중이었다. "아프리카 지역학"을 전공 중이었기 때문에 관련 직종의 멘토들을 자주 만나 조언을 얻었다. 나는 밤새 공부할 정도로 내 전공을 사랑했다.

선배들은 대부분 졸업 후 코이카(KOICA)나, 코트라(KOTRA), 혹은 외교부, 한·아프리카재단 등 제 3세계와 관련된 무역, 행정업무를 보는 정부기관으로 갔다. NGO 등 비영리재단으로 가시는 분도 있었고, 아프리카 가발회사에 취직해 사업을 이어가시는 분도 계셨다.

나 또한 내 전공이 이러니 그런 길이 어울린다 생각했다. 그럼에도 불구하고 내가 원하는 길을 정확히 알지 못했고, 열심히 노력하여 관련 직무를 얻어냈는데 실망하면 어떡하나, 하는 불안감이 심했다.

11살 때 학교를 그만두고 홈스쿨을 시작하면서부터 대학생 때까지 다양한 아르바이트, 자원봉사, 인턴십, 대외활동을 해봤기 때문에 내 이력서는 화려했다. 문제는 각 경력이 통일성이 없었다. 통번역, 의료, 엔지니어링 등 극과 극의 다른 분야서 여러가지 일을 했기 때문이었을 수도 있다.

학교 진로취업센터 직원은 이력서 내용을 줄이라고 조언했다. 통일성이 있는 활동들만 간추려서 공통점을 찾아내라는 것이다. 하지만 나는 내가 취직하려는 회사에게 다양한 경험을 오히려 어필하고 싶었고, 그 가치를 알아보는 회사를 찾고 싶었다. 그래서 취업센터의 피드백이 반갑지 않았다.

내가 진정으로 원하는 직무가 무엇인지 아무리 연구해도 답을 내릴 수 없었다. 그래서 내린 결론이 "아무거나 해보자"였다. 우선 한 학기를 휴학하기로 결심하고 휴학계를 냈고, 6개월동안 내 길을 찾아보기로 했다.

미국대사관 재단 사무국장으로 입사하다

나는 18살 때 미국무부 전액장학생으로 선발되어 한 달 동안 미국을 여행한 적이 있다. 프로그램은 한국 청소년 8명을 전국에서 뽑아 전액으로 지원하여 리더십 트레이닝을 제공하는 취지였는데, 운 좋게 뽑혀 또래 친구들과 미국 네바다 주, 시카고 주, 워싱턴 DC를 거쳐 많은 걸 배우고 왔다.

미국무부는 한국 뿐만 아닌 전 세계에서 학생들을 뽑아 미국에서 교육시키는 프로그램을 지원한다 (풀브라이트 장학지원, WEST 프로그램도 그 일부이다). 이렇게 미국무부의 재정적 지원을 받아 미국에 다녀온 사람들을 동문, 다시 말해 **Alumni**라고 부르는데, 한국에 흩어진 이 **Alumni**를 관리하는 시스템이 없어서 미국대사관이 고민 중이었다고 한다.

어느 날 이메일을 여니 미국대사관에서 전국에 흩어진 Alumni를 관리하는 비영리재단이 미국대사관 지원으로 설립되었고, 재단등록증만 발행한 이 이름 뿐인 재단을 이끌 사무국장을 모집한다는 공고문이 왔다. 아마 대사관에 기록이 남아 날 찾아낸 것이리라. 같이 미국을 다녀온 친구들에게 오랜만에 연락하니 모두 이메일을 받았다더라.

당시 18, 17살이었던 우리들. 지금은 여성장교, 변호사, 국제기관 인턴이 되었다.

휴학 중이라 무엇을 할지 고민하고 있었던 터라 주저 없이 지원하기로 했다. 이력서는 포맷이 따로 없었기에 구글링으로 아무거나 템플릿을 받아쓰기 시작했다. 통일성 없는 내 이력을 엑셀 시트에 전부 나열하고, 무엇을 했는지 자세히 썼으며, 자기소개서도 한 장 정도 꽉 채워서 영문으로 번역하고 보냈다.

며칠 후 북카페에서 온라인 인터뷰를 보게 되었고, 재단의 이사장과 이사들 5명, 미국대사관 직원 한 명과 30분동안 대화한 다음, 일주일 후 합격 소식을 받았다.

나중에 들으니 지원자가 꽤 있었는데, 너무 화려한 이력서보다는 다양한 경험을 한 내 이력서가 오히려 좋았던 미국대사관 직원이 나를 밀어줬다고 한다. 오히려 어려서 그런지 몰라도 창의력이 풍부하다고 느껴졌고, "회계를 잘하냐"는 질문에 솔직히 "전문적으로 배워본 적 없으니 필요하면 공부하겠다" 고한 내 답변도 마음에 들었단다.

문제는 이 재단은 이름과 미국대사관으로부터 확보한 자금 말고 가진 것이 아무것도 없었다.

내가 입사하고 난 다음 서울역의 위워크(Wework) 1인 사무실이 얻어졌고 그곳에서 유를 창조하는 임무가 주어졌다. 우선 전화기를 개통하여 설치하고, 사무실 물품을 구입하고, 비영리재단 관련 행정일 (문서작업, 정부에 제출할 보고서 등등)을 시작했다.

문서 작업이 쓸데없이 많았는데, 이사들끼리 조그마한 회의를 할 때도 회의록을 써야 하고, 비용을 일일이 적어야 했다. 당연히 해야 하는 일이지만 난 행정 업무를 싫어한다는 걸 해보고 알았다.

더 이해할 수 없는 것은 이사 12명의 의견이 잦게 충돌하여 프로젝트 진전이 쉽지 않았다. 또 내 타이틀은 사무국장이지만 내가 뭔가를 결정하고 추진할 권한이 없었기 때문에, 프로젝트를 기획해도 이사들의 대회의를 거쳐 허락이 기록되지 않는다면 바로 실행할 수 없었다. 대회의를 위해 장소를 마련하고, 이사들의 사인을 받고, 프로젝트 개요를 담은 문서를 마련하여 도장을 찍는 길고 긴 과정이 답답했다.

이제 막 생긴 재단이기에 스타트업과 같은 마인셋으로 빠르게 모든 걸 진행할 필요가 있었으나, 현실은 문서 작업과 회의 준비로 바빠 아무것도 할 수 없는 답답한 환경이었다. 공공재단 특성상 어쩔 수 없지만, 내 성격과 맞지 않았나 보다.

그렇게 내가 정부 기관과 어울리지 않는 사람이라는 걸 몇 개월을 근무하고 나서 알았다. 재단의 좋은 취지와 목적은 알겠지만, 이 직무는 나와 맞지 않았다. 새롭게 배우는 것이 없었다. 그때부터 깊은 고민이 다시 시작됐다. '내가 일할 곳은 과연 정부 기관밖에 없는 것인가?'

내 전공과 관련된 길은 대한민국에 아직 정부기관 취업밖에 답이 없어 보였다. 한국과 아프리카 수교관계가 아직 개척 중인 만큼, 내 전공이 환영 받을 곳이 좁기 때문이다.

  퇴사 결정을 내린 결정적 이유는 이사 중 한 명에게 "은빈씨, 그렇게 열심히 안 해도 돼요. 그냥 가만히 앉아있어도 200만원은 꼬박 나온다니까."라는 말을 듣고 였다. 내가 노력한 만큼 보상받고 싶었고, 노력한 것에 대한 칭찬을 듣고 싶었으나 그 대가가 허무했다. 화가 난 나는 1. 재단이 성공할 수 없는 이유 2. 개선하려면 바뀌어야 하는 시스템 - 두 챕터로 긴 8장 에세이를 써서 이메일로 단체 전송하고 퇴사를 선언했다.

❝

동기들이 내게 미쳤냐 했다. 가만히 있으면 돈이 나오는 안정적인 곳이었고, 조기취업계를 내어 대학교 졸업 이후도 취업이 보장된 좋은 자리였는데 왜 그런 짓을 하냐 했다.

  이미 주사위가 던져졌기 때문에 전혀 후회할 일이 없었다. 난 내가 맞는 환경을 간절히 찾고 싶었다. 어떠한 하드 스킬이 있는 것은 아니지만 모든 것에 열정적인 내 태도에 자신이 있었다.

나와 맞는 직무 찾기

찾고, 구하고, 두드리라 하였으나 찾는 단계부터 다시 시작해보기로 했다. 날을 잡고 북카페에서 노트북을 열어 구글링을 시작했다. 우선 내가 어떠한 직무를 찾는지 알아야 했다.

재단에서 내 직무 이름은 '사무국장 (Community Manager)'이었는데, 비슷하게 '프로젝트 매니저(Project manager)'라는 직무가 있음을 구글링 2시간 후 찾아냈다. 이해관계자와 팀원들의 니즈(Needs)를 파악해 프로젝트를 기획하고 진행, 완료되는 과정을 모니터링하는 직무라고 하는데, 매니징 (Managing)에 관심이 많던 내게 적격이라 생각했다.

내가 원하는 분야와 비슷한 직무를 찾았으니 비슷한 경험을 제공할 회사를 찾으면 되었다. 아무 구인 사이트에 들어갔는데, 프로젝트 매니저(PM)를 뽑는 회사가 생각보다 굉장히 많았다.

구인사이트로 들어가니 출판, IT, 마케팅 등 분야의 PM을 뽑는 회사가 많았다. 심지어 신입을 뽑는 회사도 몇 개 있었다. 무작정 이력서 템플릿을 다운받고, 기존 이력서를 참고하여 새로 작성하기 시작했다. 이번에도 통일성 없지만 다양한 내 경험의 가치를 높게 사는 회사가 나를 알아보길 바라며.

스물넷, IT 기업
신입 PM 준비하기 2편

붙어버렸다

틀에 박힌 시스템에 질려 재단을 퇴사하고 나서, 나는 대학교 4학년 2학기를 마치러 휴학을 종료하고 재학 신청을 했다.

문제는 회사에서 하루 배우는 것이 대학에서 한 학기 배우는 것보다 더 크다는 걸 깨닫고 학교를 다니고 싶지 않게 되었다는 것이다. 재단 근무 기간 동안 힘들었지만 틈틈이 수강한 온라인 코스, 직장생활에서의 팁 등 배운 게 참 많았다.

막 학기지만 대학에서 전공 공부를 6개월 더 하는 게 시간 낭비처럼 느껴졌다. '아프리카 지역학'이라는 내 전공을 사랑하고 여전히 배우고 싶은 마음이 있지만, 수강신청을 하려고 배울 과목을 살펴보면 이미 남아프리카 공화국에서 교환학생으로 있으며 현지에서 이미 배운 내용 밖에 없었다.

미국대사관 재단을 나오고 공공기관보다는 더 발 빠른 기업에서 일해보고 싶은 마음이 간절했고, 그러려면 내 전공과 다른 분야를 선택해야 했다. 게다가 아프리카 관련 일은 인턴, 대학 교내, 정부 프로그램 등 다 해봤기에 또 해보는 건 싫었다.

죽기 전 적어도 세 개의 분야에서 전문가가 되고 싶다는 막연한 꿈이 있었는데, '아프리카'라는 첫 번째 분야를 섭렵했으니, 이제 다른 분야를 골라보고 싶었다.

하지만 통번역, 의료, 엔지니어링 등 다양한 인턴 생활을 하면서 조금씩 수집한 경제, 언어, 외교적 상식 외에 전공 외에 전문적으로 아는 것이 전혀 없었기 때문에 막막했다. 신문을 펼치면 문과생의 취업난에 대한 기사가 가득했고, 그게 오히려 불안을 더했다.

삼성 같은 대기업, 외교관이라는 큰 직업 등을 가지려면 모두 큰 고사 시험을 봐야 하는 걸로 알고 있다. 만약 그런 경우라면 당연히 전략이 필요할 것이다. 내 경우는 그저 다른 분야를 돌아볼 수 있는 기업으로의 취업이 필요했던 거라, 지금 돌아보면 전략보다는 절실한 마음에 뭐라도 해보자 해서 아래와 같은 단계를 밟았다.

1. 이력서를 다시 쓰며 그동안의 경력을 나열해보았다.

최선을 다해 살아온 내가 '취업'이란 걸 못하진 않을 것 같았다. 누구보다도 열심히 산 나를 거절하는 회사라면 애초부터 갈 필요가 없는, 나랑 핏이 맞지 않는 회사일 것이라는 생각을 하며 아무 채용 사이트를 구글링해 들어갔다. 그렇게 '원티드' 구인 사이트를 찾았고, 제공하는 무료 이력서 포맷을 다운로드했다.

포맷에 따라 최근 했던 일부터 정리해봤는데, 생각보다 한 게 많아

놀랐다. 대학생의 신분으로 틈틈이 성과를 내려고 했던 나 자신이 대견했을 정도였다. 지원하는 기업들이 데이터를 다루는 IT 기업이 많았음을 고려하여 관련 경력만 뽑아 이력서에 적었다.

그전에 했던 일을 정리하는 거 시간이 몇 시간 걸렸다. 내 페이스북, 과거 인스타그램을 다 들춰내며 사진으로 했던 일을 기억해갔다. 이력서에 담았던 내용 몇 가지를 나열하면

- [미디어자몽] 지원 1인 크리에이터 (1년): 소속회사, 외교부 등의 단체 지원으로 [3분으로 끝내는 아프리카 유튜브]를 제작했었다.

- [한-아프리카 재단] Database 조사 연구원 (2개월): 아프리카 54개국 데이터를 수집/정리했었다. 소말리아 등 국가는 정부 웹사이트 찾기도 쉽지 않아서 검색 능력이 향상된 힘든 인턴 일이었다.

- [코이카] 인도네시아 개발조사 프로그램 파견팀 (1개월): 국제개발협력 공고 합격해 현지조사를 다녀왔었다.

- [보건복지부] 생명사랑 다소니 서포터즈 (6개월): '올바른 사랑, 안전한 성관계' 캠페인을 진행했었다.

- [창업] 한-아프리카 청년 교류위원회-KAFY (1년): 아프리카가 너무 좋아서 교류하는 동아리를 창업했었다.

한 때 열심히 운영했던 유튜브. 지금은 후배들과 외교관 직원들이 보는 듯하다.

2. 일하고 싶은 기업보다는 하고 싶은 직무에 집중했다.

내가 좋아하고 잘하는 것은 "정리 (Organize)"하고 "이끄는 (Lead)" 것이기에, 이 키워드에 집중했다.

미국대사관 재단에서 내 직무 이름은 '**사무국장 (Community Manager)**'이었는데, 비슷하게 '**프로젝트 매니저(Project manager)**' 라는 직무가 있음을 구글링 2시간 후 찾아냈다.

내가 원하는 분야와 비슷한 직무를 찾았으니 비슷한 경험을 제공할 회사를 찾으면 되었다. 아무 구인 사이트에 들어갔는데, '프로젝트 매니저' 신입 직무를 뽑는 회사가 생각보다 굉장히 많았다.

총 8군데를 지원했는데, 이 중 두 곳만 자기소개서를 요구했다. 나머지는 동일한 이력서를 제출하는 것으로도 지원할 수 있었다. 참 간편했다. 사실 두 번째 신청한 회사에서 최종 합격을 받아서 다른 기업 인터뷰는 보지 않아 자동 불합격했다. 하지만 다섯 곳에서 인터뷰 연락은 왔었다.

3. 그리고 인터뷰를 보았다.

이력서를 혼자 수정하고, 부모님께 몇 번이나 보여드리며 객관적 평가를 요청했다. 세대가 다르지만 높은 어른의 눈에서 사회초년생의 이력서를 읽으며 주실 피드백이 많을 거라 생각했다. 학교 진로취업센터는 가지 않았다. 이미 통일성 있게 이력서를 쓰라는 조언을 받았었고, 그 조언이 싫었기 때문이다.

통일성 없지만 다양한 내 경험의 가치를 높게 사는 회사가 나를 알아봐 주길 바랐기에, 부모님께 받은 조금의 피드백과 내 어필 실력, 그리고 운에 맡기기로 했다.

현재 다니고 있는 회사에서 면접 요청이 왔고, 종로로 갔다.

여러 질문을 받아서 30분 정도 면접관(전 상사)과 대화를 했다. 빠르게 성장하는 기업이기 때문에 많은 아이디어와 제안이 거절당할 수 있지만, 동시에 받아들여질 수 있는 환경이라는 말을 들었다. 그래서 포기하지 않고 계속 아이디어를 내고 해결책을 도출하는 자세를 가진 사람을 찾는다고 하더라. (이걸 전문용어로 애자일 식 업무태도라 한다.)

우선순위를 정하고, 디자이너와 개발자 간의 갈등에 관한 시나리오를 하나씩 주며 어떻게 대처할 것인지를 물어서 답변했다. 그리고 CEO가 들어와 영어 인터뷰를 진행했고, 그것도 답변했다.

그렇게 합격해서 1월 근무, **"프로젝트 매니지먼트 보조 (Project management assistant)"**로 시작했다. 하지만 수습기간 때부터 정말 고난의 시작이었다. 또 대학 막학기는 어떻게 됐냐고 묻는다면, 그것도 머리 아픈 고난의 시작이었는데, 13학점을 남기고 다섯 과목을 한 학기 수료하며 졸업논문도 같이 준비해야 했기 때문이다. 작년은 정말 바빴던 한 해였다.

현직 PM의 전혀 관련 없는 경력들을 돌아보며 1편

통일성 없는 이력서 공개

대학을 가기 전까지 초중고를 졸업하지 않고 집에서 공부한 학교 밖 청소년이었기 때문에 경력을 무엇이라도 만들기 위해 고군분투해야 했던 시절이 있었다. 당시는 여성가족부가 급격하게 늘어나는 자퇴생들 수를 인지하고 교육적 혜택을 제공하는 정책을 만들기 훨씬 전이었다.

지금은 각 시의 청소년 수련관에서 자퇴생들을 위해 검정고시, 방과 후 교육을 제공하고 선생님을 붙여준다고 들었다. 내가 대학을 가기 전에는 학교를 다니지 않으면 일반 공모전이나 스피치 콘테스트 등에 도전하는데 제약이 있었고, 선생님을 찾을 수 없어서 스스로 없는 길을 개척해야 했다. 공모전 행정 사무실에 전화를 걸어 나를 받아 달라고 설득하는 등의 노력을 수반하면 대부분 안 되는 경우는 없었다.

경력을 쌓을 수 있는 학교라는 창구가 없으니 학교 바깥에서 활동을 찾아다녀야 했다. 내가 자란 고향 강릉은 내가 기억하기론 올림픽 전에 황무지고 폐허였다. 아무것도 없는 정말 깊은 시골이었고 현재 관광지로 부상하여 지금처럼 조금씩 변하기 시작한 건 엄청난 기적이다.

그렇게 도시가 발전하기 전으로 돌아와; 시골에서 나 같은 학교 밖 청소년에게 교육적 기회를 찾기가 쉽지 않았고 그래서 아르바이트,

자원봉사 등은 닥치는 대로, 최대한 많이 한 것 같다. 그렇게 다양한 경험을 하며 만난 사람들은 나이와 배경이 모두 극과 극으로 달랐다. 나보다 나이가 정말 많았거나, 정말 적었다. 그래서 대학에 가기 전까지는 내 또래를 자주 만나지 못했다.

어른과 아이들을 대상으로 한 영어회화 동아리를 만든 적도 있다. 포스터를 만들어서 강릉에 가장 큰 도서관 중 '모루도서관' 행정 사무실로 가지고 가 방을 빌려 달라 부탁했었다. 직원분들이 정말 감사하게도 뭘 해보겠다고 나서는 꼬맹이가 대견했는지 도서관 벤츠 끌고 강릉의 도서관, 마을협회 등을 다 돌아다니시면서 포스터를 여기저기 돌리는 걸 도와주셨다.

크고 작은 공모전도 다 도전해서 상을 많이 탔고, 그런 경험들이 하나씩 모이다 보니 내 경력서는 통일성이 없는 대신 다채롭고 흥미진진하다. 대학에 지원할 때는 전혀 도움이 되지 않았지만 (자퇴생의 경우 유명한 서울 대학에는 수시 지원이 불가하고 수능 성적만으로 지원할 수 있다. - 지금도 유효한 정책인지는 모르겠다.) 지금의 나를 만드는 데 큰 도움이 된 경험들이다.

덕분에 다양한 사람들이 모인 어느 그룹/환경에 가도 잘 적응하게 되었고, 경험이 많으니 어떤 분위기와 생각이 나라는 사람에게 잘 맞는지를 일찍 알았다. 새로운 시각을 배우는 데는 누구보다 빠르지만 스며들지 않고 내 가치관은 잘 간직하는 법을 배운 것이 마음에 든다. 그런 감사함을 느낄 수 있는 이유는 사회에 나와서 직장생활을 하며 실제 써먹을 수 있는 부분과 내 과거의 경험이 많이 접목됨을 알았기 때문이다.

대학에 입학한 후에도 계속 이런 다채로운 경험을 하길 원했고, 다른 친구들은 전공과 잘 맞는 대외활동을 선택할 때 나는 내가 흥미롭다고 생각하는 것들만 골라서 했다. 그렇게 IT 업계와는 전혀 관련이 없지만 지금까지 내게 큰 도움이 되었던 발판이 된 경력 몇 가지를 소개한다.

1. United Youth Journalists 유럽 청소년 기자단 활동

18살 때부터 활동을 시작해 대학 입학 전에 그만둔 대외활동이다. 유럽 청소년들이 만든 비영리 단체 조직으로, 구글링으로 찾아 지원서를 보내 합격하고 활동을 시작했다. 오프라인으로 활동하기에 체계적으로 잘 조직화되어 있고, 10대들이지만 훌륭한 기자들이 많아서 나도 재밌게 활동했었다.

한국 관련기사 콘텐츠를 영어로 작성하면, 영어가 모국어인 미국 출신 에디터(Editor)들이 글의 전달성, 문법을 수정해준다. 매주 타국가 기자들과 국제정세 온라인 모의토론을 통해 기사 초안을 잡는다.

가장 흥미로웠던 경험이, 위안부를 주제로 기사를 냈으나 사실과 무근하단 일본 기자들의 반박에 발행이 늦어진 경험이었다. 그때 한국에 영화 '귀향'이 막 개봉했던 터라 이걸 주제로 간절히 쓰고 싶어서, 중국, 베트남 기자들의 연락처를 받아내어 이메일로 도움을 요청했다. 그렇게 연락한 기자들이 에디터들에게 직접 연락하여 관련 자료 링크의 사실성을 입증하여 겨우 발행했다.

단체를 설득하려면 단체 내부 상당한 수의 팀원들, 혹은 상당한 영향력을 가진 팀원들을 설득해 내 편으로 만들어야 한다는 사실을 그때 알았다. 나 혼자 팩트를 가지고 논리적으로 추진하는 건 경험상 아주 가끔, 가끔 먹힌다 (아닌 경우도 물론 있다).

상사의 허락이나 도움 없이 할 수 없는 게 아무것도 없다는 걸 깨달을 때 열정으로 많은 걸 개혁하고 싶어 하는 사회초년생 입장에선 현실의 잔인함에 쉽게 실망하곤 하는데, 이 원리를 알고 사용하는 게 직장 생활에서 내 뜻대로 뭔가를 추진하는데 더 도움이 된다.

2. [보건복지부] 생명사랑 다소니 서포터스 (6개월)

대학교 1학년 때 했던 활동으로, 5명의 팀을 꾸려 실행할 프로그램 기획안을 작성하면, 보건복지부에서 심사한 후, 지원금 50만 원을 지원하는 성과위주 대외 활동이었다.

학생 때의 성관계 찬성 여부를 떠나서, 안전하지 않은 성관계로 낙태가 선택될 때 여성의 육체/심리적인 건강이 망가지는 상황을 줄이자는 취지가 맘에 들어서 시작했다. 거창하게 들리지만 'Safe sex (안전한 성관계)'를 위해, 성에 대한 고등학생과 대학생들의 인식을 개선하자는 활동이었다.

그냥 보건복지부에서 캠페인을 진행할 때 나눠줄 사탕, 팜플렛 등

을 박스로 받으면 대학 축제나 지역 고등학교 가서 나눠주는 일이다. 나는 바빠서 대학 축제 때만 참여해 물품을 나눠주고 부스에 들어오는 커플들에게 짧은 OX 성 관련 교육을 최대한 재밌게 진행하는 요원 역할을 맡았다.

문제는 대학 축제 때 우리가 부스를 열어도 되냐는 허락을 학교 행정부에서 받아야 한다는 거였는데, 축제 때 교육 부스를 연다는 게 행정위원회 대학생들에게는 좀 의외였나 보다. 이메일 답장이 안 와서 우리 팀원들이 위원회 건물에 직접 찾아가기도 하고, 요구르트를 박스로 사서 통째 보내기도 했다. 일 하나 추진하는 데 이런 노력은 기본이어야 하는구나, 하는 큰 교훈을 준 활동이었다.

내가 배운 걸 공유하는 걸 워낙 좋아해서 열정적이었고 사람들도 내가 진행하는 걸 재밌어 했다. 시끄러운 축제 분위기, 모두가 술만 마시며 노는 그 속에서 우리 교육 부스가 주목받았던 이유는 모든 팀원들이 열심히 했기 때문이었을 거다.

3. 통번역 봉사 (월드비전 비전메이커, 평창 올림픽, 여성 가족부 스위스 포럼 등)

고등학교 때부터 월드비전 구호단체 번역가로 활동했었다. 아프리카 아이들이 편지를 쓰면 그게 사진으로 찍혀서 내게 날아온다. 난 그걸 번역해서 한국 후원자들에게 보내면 되었다. 일주일 열 통 정도 번역했다.

아프리카 아이들의 글씨체를 알아보는 건 참 모험이었다. How are you 하나도 알아보지 못해서 몇 분을 생각했고, 자주 기가 빠졌다. 돈 되는 활동은 아니었지만 이게 지금 도움이 될 줄은 몰랐다.

회사에서 모든 직원들이 글씨체가 좋진 않기 때문에 아이디어를 함께 나눌 때 공용으로 썼던 노트를 보면 글씨를 못 알아볼 때가 많을 수 있는데, 난 휘갈겨 쓴 글씨도 아주 잘 알아볼 수 있다. 소소하지만 소중한 능력이다.

평창 동계 올림픽에서도 '피닉스' 숙소에서 한 달 먹고 자며 호텔 데스크에서 통역 활동을 했었다. 이건 봉사가 아니라 유급 활동이었고 3주 동안 몇 백만 원의 급여가 주어졌다. 나와 같이 선발된 비슷한 또래 언니 오빠들과 통역하며, 호텔의 구조를 파악하고, 선수들을 위한 룸 투어를 돕고, 길을 안내하는 일을 했다.

여성가족부 스위스 포럼은 스위스에서 두 명의 여성 외교관이 와서 한국의 여성 인권 증진을 위해 필요한 정책에 관해 의견을 두 시간

동안 내는 외교적 자리였는데, 1365 봉사자 사이트로 지원해서 통역사로 들어간 나는 아주 간단한 일을 했다. 영어로 리모컨을 어떻게 조정하는지 알려드리고, 화장실 어딘지 알려드리고. 포럼을 보며 가슴이 뛰고 나도 언젠가 저런 무대에 서고 싶다, 하는 포부를 가지게 된 것 외에는 참 허무할 정도로 간단한 일이었다.

이런 크고 작은 통번역 봉사들이 직장 생활에서도 도움이 크게 된다. 회사가 외국계 기업이지만 모두가 다 영어를 잘하는 것은 아니기 때문에, 영어와 한국어를 유창하게 하는 건 모두의 소통을 돕는 소중한 능력이 된다. 영어를 '잘'하는 것과 '소통'을 잘하는 것은 다르다. '통번역' 능력과 '유창한 영어 구사' 또한 다르다. 외국인과 한국인 간의 소통을 잘 도울 수 있으려면 일치하는 영어 표현과 한국어 표현을 빠르게 찾고 통일하는 능력이 중요한데, 통번역 봉사 경험이 큰 자산이 됐다.

현직 PM의 전혀 관련 없는 경력들을 돌아보며 2편

2년차 주니어 PM, 그래도 나눌 건 많아요

스타트업의 장점은 매일 하는 일이 같아 보이면서도 한 번도 해보지 못한 새로운 과제들이 계속 생겨난다는 것 같다. 예기치 못한 돌발 상황에서 잔머리를 재빠르게 굴릴 수 있는 방법을 배우는 것은 대학 때부터 최대한 다양한 경험과 과제를 하는 것이 답이라고 생각한다.

　지금까지 IT 업계와는 전혀 관련이 없지만 지금까지 내게 큰 도움이 되었던 발판이 된 경력 몇 가지를 소개했었다. 대학에 입학한 후에도 계속 다채로운 경험을 하길 선호했고, 다른 친구들은 전공과 잘 맞는 대외활동을 선택할 때 나는 내가 흥미롭다고 생각하는 것들만 골라서 했다.

4. [한-아프리카 재단] Database 조사 연구원 (2 개월)

　나는 구글 검색을 잘한다. 그냥 정보를 찾는 정도가 아니라 필요한 정보(툴, 사이트 포함)를 기가 막히게 잘 구별한다. 그건 아마 이 인턴십 덕분일 거다.

　아프리카는 UN이 인정하지 않은 국가 한 개를 빼면 공식적으로 54개국이 있다. 이 중 정부가 없다고 봐도 무방한 나라들이 있다. 예를 들어 소말리아는 내전으로 정부의 힘이 수도 근처 바깥으로 영향을 미치지 못한다. 특정 나라들은 정부 웹사이트가 열리지 않거나 정보를 충분히 안 담아서, 우리나라 외교관들 입장에서 정보를 입수하기가 어려울 수 있다.

나는 아프리카 국가의 주요 정부 공무원의 신상정보, 운영 중인 프로젝트나 웹사이트를 찾아 엑셀로 문서화해 정리하는 업무를 담당했다. 각 나라의 대통령(혹은 총리), 국회의원들의 경력, 생년월일, 가족 등 기본 사항을 파악해 표로 정리하는 것이다. 총 15개의 나라를 맡았는데 정부 사이트가 닫힌 나라들은 국회의원 장관들 정보 찾기가 어려웠다.

아프리카 국가는 정부 웹사이트가 부재하거나, 언어가 현지어로 되어 있거나, 온라인상 접근상태가 미흡한 경우가 있어 데이터 수집 과정에서 여러 변수가 있다. 인터넷으로 국제기구 사이트(BBC news, WTO, IMF, UN)에서 발간한 뉴스와 통계표를 근거로 데이터를 추가 수집해 추측해 찾아야 하기도 했다.

예를 들어 BBC 뉴스에서 작년에 어떤 아프리카 나라의 대통령이 어떤 정책을 발표했다고 하면, 그 대통령의 이름을 검색하고, 트위터와 페이스북까지 보고, 최근 소식이 안 올라왔다 하면 선거로 교체되었구나 추측하고, 다시 다른 뉴스를 찾아보고 그런 식이었다. 최대한 많은 추리를 해야 했다.

　나는 탐정이다!라는 마음으로 임하지 않으면 절대 재밌을 수 없는 일이었고 이때 얼마나 힘들었냐면 두 시간만 모니터를 바라보면 검은 글씨가 하얀 배경에 3D처럼 튀어나와 둥둥 떠다녔다. 그래도 이 경험 덕분에 구글 검색의 달인이 되어 아주 만족한다.

　PM은 부족한 정보를 빠르게 찾아야 한다. 리소스를 팀원들에게 전달해주기 위해서다. 뛰어난 내 검색 능력을 보일 때 일을 잘한다는 평가를 자주 받았다.

5. [코이카] 인도네시아 개발조사 프로그램 파견팀 (1개월

　인도네시아 내 한국계 대기업인 KORINDO(코린도) 회사 사회적 기업의 일환으로 개발협력 사업타당성 사전 조사를 진행하는 프로그램이 있었다. 당시 국제개발협력을 부전공하고 있는 학생들 대상으로 대학 프로그램에 파견할 학생 네 명을 모집했는데 운 좋게 선발되어 다녀왔다. 선배님들 사이에서 그나마 영어를 잘해서 통역 담당이 되었다.

[(부산)조은뉴스= 송영웅 인턴기자] 부산외국어대학교의 동남아지역원 김예겸 교수와 글로벌 개발협력 전공 대학생들이 지난 7월 1일부터 13일까지 10박 12일 동안 인도네시아 발리, 롬복, 숨바와(깔리만통 마을), 모요섬을 방문했다.

뉴스에 나온 우리 팀원들

발리, 롬복, 숨바와 섬 시골마을을 이렇게 방문했는데, 가장 기억에 남았던 게 발리섬의 코워킹 스페이스(Co-working space) 기관을 방문해 사회적 기업으로서 지역에 제공하는 경제적 편의성을 연구해, 최종 문서화하여 코이카에 제출했던 경험이다. 코워킹 스페이스에서 직업은 다양한데 한 공간에서 각자의 노트북으로 일하는 여러 국적의 사람들을 만났다. 자유롭지만 자신의 일에 충실하며 틈틈이 정보를 공유하는 모습이 부러웠다. '노트북만으로도 어디서든 일한다'는

51

그들은 지금 내가 생각해도 몇 년 이상을 누구보다 훨씬 앞서간 사람들이었다.

　어쩌면 IT 업계에 몸담고 싶어했던 계기가 이것이었을 수도 있겠다. 노트북 하나로 일할 수 있는 가장 좋은 분야로 보였기 때문이다. 지금은 어디서나 원격근무 할 수 있는 회사 시스템을 보며 나도 놀라는 경우가 많다. 자유롭게 다른 공간에서 일하지만 끈끈하게 붙어 함께 일하는 팀원들을 보며, 인도네시아 코워킹 스페이스서 만난 그분들이 자주 생각난다.

6. [미디어자몽] 지원 1인 크리에이터 (1년)

　[3분으로 끝내는 아프리카] 유튜브를 운영했었다. 외교부 서포터즈, 한·아프리카 재단/외교부 서포터즈 등을 하면서 만든 아프리카에 대한 모든 영상(교환학생 Vlog 포함)을 내 채널에 담고, 아프리카 각 나라를 3분 안에 소개하는 영상들이었다. 사실 대학의 같은 전공 후배들을 위해 만든 이유가 컸는데 아프리카 현지 분들도 팔로우를 많이 하시더라.

　어도비 프리미어 프로(premier pro)를 대학교 2학년 때부터 정기적

52

으로 구독해서 그걸로 영상을 만들었다. 저작권 없는 사진 리소스를 찾고, 스크립트를 짜서 녹음하고, 번역하고, 자막까지 다는 작업이어서 3분 영상 하나 만드는 데 4시간이 넘게 걸렸다. 그래도 작업이 재밌어서 열정적으로 만들었던 기억이 난다.

마침 [미디어자몽]이라는 1인 크리에이터 지원기업이 있어서, 신청 지원하여 재정적/공간적/장비 지원을 받았다. 무료로 유튜브 명함과 카메라 가방도 선물 받아 지금도 잘 쓰고 있다.

지금 이 채널은 아프리카 관련 업계에 다시 돌아갈 수 있는 끈을 만들어줘서 아주 만족한다. 아직 계획은 없지만 후배들이나 교수님, 외교부 직원들에게 연락이 오고, 일회성 관련 프로그램에 투입되기도 한다. 현재 직장 외에도 부업 차원에서 이런 연결고리를 만들어 놓는 것도 좋은 전략이었다.

PM 신입 수습기간 생존기

직장인으로 거듭나는 꿀팁

'아프리카 지역학'을 전공한 문과생이 소프트웨어 제품을 판매하는 IT 기업에서 PM 보조원(Assistant)으로 들어간 첫날. 여러 부서의 리더분들과 1대 1 미팅이 잡히고 회사 제품에 대한 소개를 받았다. 아직도 생생히 기억나는 1월 25일, 차갑고 어두운 파란색 천장의 사무실 내부를 처음 들어갔을 때가 생각난다. 제품을 만드는 개발자와 디자이너들로 이루어진 팀이라 그런지 타자 소리만 조금씩 울리고 고요했다.

3개월 수습기간은 역시 예상대로 뭘 해야 하는지 몰라서 힘들었다.

내가 해야 하는 일이 정확히 무엇인지 감이 안 잡혔다. 'Product management assistant'라는 '보조원' 타이틀은 말 그대로 '프로덕트 매니저'인 내 상사의 일을 보조하는 일임을 의미했다. 서비스를 기획하는 것부터 디자이너, 개발자에게 일을 주고 과정을 모니터링하는 것이 내 상사의 업무였는데, 나는 서비스 기획을 제외한 나머지 기술을 조금씩 터득해야 했다.

회사 입장에서도 이런 직책을 처음 마련한 거다 보니 내 업무가 무엇인지 정확히 알려줄 수 없었고, 나 또한 내가 뭘 더 할 수 있는지 끊임없이 찾아야 했다. 아무래도 스타트업 환경이다 보니 이 점이 불가피했을 것 같다.

다행히 몇 가지 전략을 써서 수습기관도 무사히 통과하고 훌륭히 업무도 소화해냈는데, 과정이 험난했다. 끊임없이 변화하는 테크놀로지 덕에 매일 새로운 걸 지금도 배우고 전략을 바꿔가며 업무를 하지만, 어느 업계이든 '신입사원'이라면 반드시 기억해야 할 전략 몇 가지를 소개한다.

1. 취업한 분야(IT)에 대한 전반적인 기초 지식을 조금이라도 쌓기

내가 '아프리카 지역학'을 전공했을 때는 국내 자료들이 많지 않아 관련된 논문과 책을 인터넷에서 찾아 무작정 읽었다. IT에 관련한 분야로 넘어와서도 소프트웨어 '대시보드'를 제공하는 회사 제품이 어떻게 작동하는지 알기 위해 직접 회원가입을 하고, 회사 유튜브 채널도 모두 훑어보는 등 무작정 다 찾아보고 읽었다.

웹사이트에서 찾은 사용자 가이드 등을 읽으며 모르는 용어를 찾아보다가 마케팅과 관련한 지식이 필요하다는 걸 알았고, 마케팅 지표를 모은 다른 플랫폼(구글 애널리틱스, 페이스북 매니저)도 많이 언급되어 있는 걸 보고 따로 찾아봤다.

구글 애널리틱스 등 무료로 인터넷에 배포되어 있는 자격증 코스도 수강했다. 벼락치기 공부가 도움이 될 리 없지만 대충 어떤 식으로 소프트웨어 제품이 작동하는지는 얕게 파악할 수 있었다. 회사 출근 전 회사 제품 가이드를 다 읽고 관련 정보를 숙지하는 건 기본이고, 추가로 경쟁 제품을 살펴보는 것도 좋은 공부다.

2. 질문 많이 해도 다 알려줄 사수 찾기

수습 기간 첫날에 들은 게 **"은빈 씨, 1개월 반이 지나면 평가가 시작되니 일부로라도 질문 많이 하세요."**였다.

모든 신입 사원은 당연히 사수가 붙는다. 문제는 내 사수는 회사에서 가장 중요한 직책을 맡은 리더 중 한 명이고, 펑장히 바빴다. 시간 내서 정기적으로 미팅을 잡아 모든 걸 알려주려 하였지만 언제나 충분하지 않았고, PM이라는 자리 자체가 워낙 업무 관할이 넓은 관계로 내가 그걸 단기간에 따라잡기에는 지금 생각해도 역부족이었다.

다행히 내 사수가 적극적으로 도와줘서 기뻤고, 내가 수시로 가서 물어볼 수 있는 상대가 있었기에 큰 도움이 되었다 (바빠서 조금의 다급함이 섞이긴 했어도).

3. 개발 용어 파악하기

입사한 첫날, 회사 CTO가 정말 '개발자답게' 회사 용어를 리스트업한 문서를 내밀었다. 공부하라고 주신 문서였는데 솔직히 이해 불가했다. 마치 미팅에서 방금 떠오른 아이디어를 휘갈겨 쓴 서비스 기획자의 노트 한 페이지 같이 어수선했는데, 그걸 욕심이 생겨 좀 업그레이드시켜 보기로 했다.

일주일 동안 문서에 쓰인 용어를 하나씩 개발자와 디자이너에게 물어보며 파악했다. 백엔드, 프런트엔드, QA 같은 기본적인 개발 용어를 넘어 회사 내에서 제품을 지칭할 때 쓰는 용어까지 추가로 더 모아서 쭉 나열하고, 그래프까지 그려 이미지 삽입하며 문서를 업그레이드했다.

CTO와 사수에게 보여주니 조금의 놀람 외에 딱히 별다른 반응이 없었는데, 새로운 사원들을 위한 온보딩(Onboarding) 과정에서 전달해야 할 문서에 올라가긴 했다. 나중에 보니 개발자들끼리 문서를 돌려보며 같이 공부했다는 얘기를 듣고 보람이 컸다.

4. 실수 노트 만들기

사수가 전해준 팁인데 언제나 노트와 펜을 들고 있으라고 했다. 매일 배운 것과 실수한 것, 개선한 것을 나눠서 정리하면 도움이 된다는 피드백을 듣고 실천했다.

양식 없이 내 스타일대로 휘갈겨 썼다. 괜히 양식 지키려고 자로 그어가며 작성하기엔 시간이 부족했다. 몇 페이지에 무엇을 썼는지 정확히 기억하고 있기에 반복해 다시 보고 검토하는 데 지장 없었다. 실수 노트는 포맷에 상관없이 무작정 작성해도 좋다.

5. 제품에 대해 '아이디어'를 내지 말고, '틀린' 부분을 찾기

작년까지 나는 PM이지만 서비스 기획보단, 이미 기획된 부분이 실제 구현되는 과정까지 모니터링하고 점검하는, 말 그대로 만들어진 '프로젝트를 매니징' 하는 직책에 가까웠다.

그래서 내 포지션은 제품 관련 아이디어를 쉽게 제안할 수 없는 게, 개발자분들이 PM 팀의 팀원이기 때문에 내 아이디어 관련 메시지는 유심히 보실 것이고, 그럼 개발하시다가 집중력이 분산될 것이기 때문이다. 지금도 아이디어를 제시하려면 되도록 최대한 정리해서 드리는 편이다.

이걸 수습기간 때부터 눈치채고 알고 있으니 도움이 되었다. 이미 서비스 기획자인 내 사수와 CTO, CEO의 넘쳐나는 아이디어에 많은 프로젝트와 개발이 활발히 진행 중이었다. 내가 제품을 완벽히 이해한 것도 아니기 때문에 아이디어를 내는 데 한계가 있는 걸 알았던 터라 굳이 제품의 '개선점'을 찾으려 하지 않았다.

오히려 '틀린' 부분을 찾는 게 도움이 더 되겠다 싶었다. IT분야를 모르는 내가 데이터를 읽고 비교하는 능력이 되는 것도 아니었다. 그래서 눈에 보이는 대로 회사 영어 웹사이트의 영어문법을 다 체크해 보기 시작했다. 파파고(Papago)나 그래멀리(Grammarly)같은 사이트가 문법과 잘못 쓰인 단어를 잡아내는 걸로 탁월해서 대학생 때 유용하게 썼는데, 회사 영어 '유저 가이드'와 영어 '이용약관' 같은 문서 내용을 복사 붙여넣기 하여 보니, 자잘한 문법이 발견되더라.

CTO는 내가 발견한 걸 보고 엉성한 문법이 웹사이트 내 곳곳에 있다는 것에 충격을 받으셨고, 내게 영어 검수자를 찾아 달라고 부탁하셨다. 프리랜서를 찾기 위해 여러 사이트를 뒤져 검토를 부탁했는데, 사세한 구인 파징은 다른 장에 서술한다.

이 외에도 소프트웨어 제품 상 대문자와 소문자가 일관성이 없던 가,문법과 텍스트 상 발견되는 언어적 에러를 잡아내서 PPT 슬라이드에 하나씩 담아 사수에게 전달했다. 그 이후에 정기적으로 Text와 발행된 유저 가이드 문법 검사는 내가 매니징 한다.

6. 회사 구조와 팀원의 역할 파악하기

회사 구조와 각 업무 담당자를 파악하는 건 시간을 크게 절약한다. 내가 관심 있어 하는 분야에 힘을 실어 프로젝트를 맡겨줄 수 있는 리더가 누구인지, 관련 개발을 나서서 해줄 수 있는 개발자가 누구인지 등을 파악하려면 각 동료 팀원의 관심사와 업무, 직책을 파악하는 게 중요하다.

나의 경우, 내가 하고 싶은 프로젝트를 진행하려면 우선 CTO나 사수의 의견을 받아내야 했는데, 회사가 가는 방향과 일치하고 크게 기여할 수 있는 건이라면 당연히 승낙을 받았다.

처음 입사한 날부터 회사 내에서 진행하고 싶은 프로젝트를 쭉 나열해 간직하고 있었는데, 오래 회사를 다닐수록 각 프로젝트를 진행하는데 날 도와줄 수 있는 적합한 팀원들이 누구일지 한 명씩 보였다. 또 제품의 어떤 부분에 관심이 있는지는 근무하면서 또는 같이 점심 식사를 하면서 조금씩 알 수 있다. 이런 것들도 다 빠짐없이 기록하고 나만의 문서를 만들어 정리해 놓으니 협력할 팀원을 찾는데 큰 도움이 되었다.

7. 근무의 20% 은 무조건 '배움'에 집중

당연한 이야기지만 이건 지금까지 지켜오고 있는 일이다. IT 테크놀로지는 수시로 바뀌기 때문에 매일 공부가 필히 필요하다. 하나라도 더 읽어야 트렌드에 발맞출 수 있고 변화하는 환경에 변해가는 팀 구조도 새롭게 매니징 할 방법을 계속 강구할 수 있다. 이 업계 매력이 여기서 나오는 것 같다. 배워야 하는 게 끊임없으니 그만큼 재밌고, 지루하지 않고, 롤러코스터 같이 스릴 넘친다.

프로젝트 매니징 관련 자격증을 공부하는 것도 추천한다. 가장 큰 도움이 된 건 Coursera에서 제공하는 [Google - Project management course] 자격증 강좌이다. 이것 외에도 데이터 분석과 관리 관련해 패스트캠퍼스 강의를 들었었는데, PM 일을 하면서 어떤 공부를 병행했는지는 다른 장에서 서술해보겠다.

24살 프로젝트 매니저(PM)가 생각하는 필요 역량

결국 실력과 감정적 소통

스물넷 1월, 작년 2021년에 'Project management assistant' 타이틀을 얻고 5개월 만에 프로젝트 몇 가지를 성공적으로 끝내며 '프로젝트 매니저 (Project manager)' 직함을 얻게 되었다. 이 악물고 죽어라 버텨 성공시킨 프로젝트들은 지금도 생각하면 참 많이 힘들었다. IT 계에 처음 발을 딛은 만큼 당연히 힘들 거라 예상했어도 사실 몇 번의 퇴사를 생각할 정도로 어려워 눈물을 마셔야 했다.

게다가 회사가 파는 소프트웨어 제품은 직원들도 이해하고 소화하기가 힘들 정도로 복잡해서 경력자도 공부하는 마당에, 아무것도 모르는 내가 공부한다고 되는 게 아니었다. 지금 생각해도 어떻게 수습 기간을 살아남았는지, 뭘 어떻게 공부한 건지 신기하다. 공부할 땐 전략을 짜서 하는 게 정석이지만 아무것도 모를 때는 닥치는 대로, 보고 들은 대로 전략이고 뭐고 막무가내 공부가 정답인 것 같다.

현직에서 일한 지 현재 1년이 다 되어 간다. 개발팀에서 쓰는 두뇌부터 다른 개발자, 디자이너, CTO, 서비스 기획자 팀원들과 일하며 정말 많은 걸 보고 느끼고 배웠다. 그분들과 협력하기 위해 개선해야 하는 프로젝트 매니저의 역량이 무엇인지 절실히 알고 공부했다. 지극히 주관적인 견해일 수 있지만, 현직자들은 아마 모두 동의할 역량일 것이다.

1. 커뮤니케이션 (소통) 능력

1) 아주 사소한 사실조차 빠뜨리지 않고 팀원들과 나눈다.

참 기본적인 건데 자주 실수하는 부분이 '내가 알고 있으니, 남들도 알 것'이라는 가정이다. 작은 것 하나라도 놓치지 않고 디테일을 서로에게 알려주는 것이 중요하다. 예를 들어 개발자 한 명이 어떠한 기능을 배포하려고 특정 서버의 코드를 건드리고 있다면, 그 개발자는 팀원 전체가 있는 채널에 해당 사실을 올린다. 그럼 해당 서버에서 작업하고 있거나 작업하려는 개발자, 혹은 PM이 사실을 참고해 끝날 때까지 대기할 수 있다. 우리는 팀이기 때문에 모든 사실이 투명해야 한다.

이때 추가적으로 필요한 역량은 정보가 1) 얼마나 나눌 가치가 있는지, 2) 누구에게 나눠야 할지 알아채는 것이다. 사실 어느 정보가 누구에게 필요한지는 한 회사의 팀에 오래 있다 보면 저절로 습득하게 되는 부분이기 때문에 이건 따로 공부할 수 없다는 의견이다. 그저 눈치 보며 주변을 자주 둘러보는 걸로 충분한다.

2) 문서화는 못해도 관련 정보는 어디든 올린다

어떤 개발자가 기능을 만드는데 특정 사이트를 참고하였던지, 혹은 관련 대화를 슬랙에서 나눴다면 그걸 캡처하거나 링크를 복사하여, 개발자가 일하고 있는 'Gitlab' (프로젝트 추적 툴)의 이슈에 코멘트로 남긴다 ('이슈'란 개발자가 배포해야 하는 기능을 상세히 적은 것이다 '카드'라고도 한다).

즉 개발자가 해야 하는 일과 관련해 나눠지는 모든 대화를 한 곳에 집합시키는 게 목적이다. 이건 팀원들이 프로젝트의 진행상황을 자세히 추적하는 데 큰 도움이 된다. 모두가 진행상황을 알고 있으면 불필요한 대화 없이 쉽게 소통할 수 있다.

3) 댓글 하나라도 읽는 이를 위해 "깔끔하게 정리"해 서 올린다.

슬랙에 글을 하나씩 올릴 때마다 생각을 몇 번이고 하며 올린다. 읽는 이가 오해할 소지가 없는 단어 (특히 영어를 사용할 때 조심해야 한다)가 없는지 보며, 글 문단이 지저분하지는 않나 확인하는 게 습관이 된 건 전 사수가 물려준 좋은 습관이다.

개발자들에게 이슈를 리스트업 헤드릴 때도 깔끔히고 예쁘게, 떠어쓰기 지키며, 대문자 소문자 구분해 드린다. 심하다 싶을 정도로 집착

하는 걸 수도 있지만 이런 깔끔한 통일성은 팀원들에게 쉽고 한눈에 나의 메시지를 해석/파악하게 하는 데 커다란 도움을 준다.

2. 프로젝트 관리 툴 (Tool)을 다루는 기술

팀원들의 프로젝트 진행상황을 추적하고 체크하는 데 애자일(Agile) 회사들은 여러 툴들을 사용한다. 우리 회사의 경우는 깃랩 (Gitlab)과 클릭 업 (Clickup), 번다운 차트(Burndown chart) 등으로 이슈들 진행 체크를 관할한다. 툴을 잘 다루려면 툴 사용법, 그리고 회사 일 진행 절차를 알아야 한다. 이걸 알아야, 회사 팀의 규모와 상황, 문화에 따라 달라지는 프로젝트 진행 절차에 맞춰 툴을 활용할 수 있다.

우리 회사의 경우 내가 처음 왔을 때 깃랩과 간트 차트를 이용하고 있었다. 그러다가 팀의 규모가 커지니 지라 (Jira) 툴 사용을 고려했다가, 깃랩에 더 많은 기능이 있는 것을 발견하고 나와 상사를 비롯한 PM들이 깃랩을 깊숙이 연구하여 다양한 기능을 다 끄집어내 팀에 적용하기 시작했다.

근무 시간이었지만 틈틈이 깃랩을 공부하고 여러 논의를 걸쳐 팀 워크플로우(Workflow)를 몇 번에 걸쳐 개편했다. 예를 들어 그 전의 절차는 **<기획 - 디자인 - 개발 - QA>** 정도였다면, 이제 **<기획 - 마케터들 의견 리뷰 - 디자인 - 유저 테스팅 - 개발 - QA>**로 툴에 반영하여 절차를 확장시킨 것이다.

이런 절차들이 실제로 유저들이 만족할 만한 결과로 프로젝트가 잘 배포되는 데 도움이 되는 것뿐만 아니라, 팀워크가 빠르고 효율적으로 향상되는 것에 도움이 되는 건 모두가 인정하는 사실일 것이다.

3. 데이터 분석 능력

1) 대시보드 데이터를 읽는 법 공부하기

전문적인 능력을 말하는 것이 아니다. 우리 회사가 파는 상품이 "대시보드"였기 때문에, 나의 경우 대시보드 데이터를 읽는 법과 데이터가 어떻게 구현되는 지를 공부하면 됐다. 구글 애널리틱스, 페이스북 광고 매니저 등으로 들어가면 "대시보드" 상 한 마케팅 캠페인에 관련한 데이터가 쭉 나열된다. 그 데이터가 어디서 얻어지는지, 어떻게 나오는지 배경만 이해한다면 되었다고 생각해 구글 애널리틱스를 공부해 자격증을 땄고, 큰 도움이 되었다.

소프트웨어 회사마다 읽어내야 하는 데이터가 다를 것이다. 어느 데이터를 중점적으로 봐야 하는지 먼저 파악하고 그걸 공부하는 것을 추천한다.

2) 데이터 분석 도구 사용해보기

Hotjar, SEO 분석 등 유저가 회사 웹사이트 혹은 제품을 사용할 때 어떤 행동 양상을 보이는지 분석해주는 툴이 있다. 이 툴을 최대한 활용하는 것도 정말 좋은 방법이다. 웹사이트에 설문지를 심어 유저에게 띄워주는 역할도 하는 도구들이 많다.

Hotjar 같은 도구의 경우 특정 사이트 페이지의 버튼을 유저들이 상대적으로 얼마나 자주 클릭하는지도 숫자로 표시해준다. 이런 것들을 이용해 데이터를 확보해서, 그걸 바탕으로 무엇을 개선시켜야 하는지 분석 도구의 힘을 빌리는 것도 좋다. 필요한 데이터 분석 도구를 찾아보고 회사에 청구해 사용해보는 것을 추천한다.

4. 감정적 캐치 능력 (=눈치)

1) 각 팀원들의 행동 양상 파악하기

나는 모든 팀플은 결국 서로가 얼마나 훌륭하게 감정적인 소통 (굳이 대화가 아니더라도)을 할 수 있는지가 중요하다고 생각한다. 평소 사람한테 관심이 많아 팀의 각 팀원이 어떤 사람인지, 무엇을 좋아하는지 호기심이 많아 관심이 많았다. 슬랙으로 소통하면서도 자세히 들여다보면 특정 팀원의 습관을 알 수 있다.

예를 들어 어떤 팀원은 댓글 하나를 쓰더라도 철자에 신경 쓰는 습관이 있고, 메시지로 "무언가를 했다고" 업로드할 때 동시에 그 행동을 하고(그래서 그 팀원에게 메시지를 받으면 난 항상 15분 뒤에 결과를 확인한다). 어떤 팀원은 슬랙 메신저로 질문을 받았을 때 확신이 없거나 이해하지 못했으면 '눈이 두 개 달린 남자' 이모지를 붙인다.

이렇게 반응이 다양한 게 개인적으로 재밌고 신기하다. 사람을 찬찬히 뜯어보고 연구하는 걸 천성적으로 좋아해서 그렇다. 세상에 나와 스타일, 생각, 행동이 다른 사람들이 존재한다는 사실조차 신기한데 옆에서 같이 일하는 사람들은 가깝고 자주 대화하니까 협력을 연습할 수 있는 좋은 대상이 된다.

실제로 팀원들의 행동 양상을 알면 소통이 쉬워진다. 그들이 포기할 수 있는 영역과 포기할 수 없는 영역을 알게 되며 내 쪽에서 타협할 수 있는 거리를 찾게 된다. 굳이 대화를 하지 않아도 어떤 대답을할지 미리 예상할 수 있게 되고, 그에 맞게 내 쪽에서 다시 필요한 자료를 준비할 수 있게 된다.

2) 각 팀원들의 니즈 파악하기

실제 구글이나 페이스북의 PM들은 팀에 들어가면 팀원 각각과 미팅을 하거나 설문 조사를 한다. 아래와 같은 질문이 들어간다.

- 업무 할 때 어떤 방식을 선호하세요?: 휴대폰, 슬랙 업무용메신저, 이메일, 기타
- 이 회사에서 가진 비전이 뭔가요?
- 꼭 해보고 싶은 프로젝트가 있나요?
- 재택근무를 하는 시간은 거의 일주일 중 언제가 편하세요?

이건 팀원들의 회사 생활과 비전을 파악하는 단계이다. 이 정보를알면 프로젝트를 같이 하며 어떤 방식으로 각 팀원을 동기 부여할지,어느 프로젝트에 배정해야 할지 등을 고려할 수 있다. 어쨌든 PM의

임무는 팀원들이 활발하게 활동할 수 있도록 배경을 세팅해주는 역할이다. 어떤 환경에서 더 역량을 발휘할 수 있는지 파악하고 그에 맞춰 자리를 마련하는 역할이라고 배웠다.

3) 눈과 귀를 열어 주변 상황을 자주 둘러보기

정식 미팅을 잡지 않고, 우리 회사 팀원들은 서로의 자리로 가서 많은 것들을 잦게 설명한다. 즉 Micro 미팅이 수시로 열리는 건데, 나는 중앙으로 데스크 자리를 옮겼기 때문에 그 대화들이 다 귀에 들린다. 미팅 대화를 엿들을 때 내 일의 효율성이 높아진다. 나는 프로젝트 진행을 추적하는 직무라 대화를 들으며 해당 프로젝트에 어느 버그가 있고, 누가 그걸 고치고 있는지 등을 알 수 있기 때문이다.

"

어느 심리학자가 그러는데 멀티 태스킹 (Multi tasking)은 사실 두뇌 구조상 불가능하다. 단지 업무 태도 전환 (Task shifting)이 존재할 뿐이다. 집중력은 분산시킬 수는 없지만 여러 군데에 차례로 전환될 수 있다는 것이다.

<u>빠르게 집중력이 전환되도록 연습하면 단시간에 정말 많은 것들을 처리할 수 있다.</u> 성장하는 스타트업은 이걸 연습하기에 정말 완벽한

환경을 가졌다. 우리 회사가 특히 그렇다. 그래서 미팅 내용도 듣고, 동시에 프로젝트 진행상황을 체크하고, 내 일에 다시 돌아올 수 있는 것이다.

4) 배려하기

'저 사람은 지금 뭐가 필요할까?', '이렇게 내가 행동하면 편하실까?' 등 수시로 질문하는 자세가 궁극적으로 필요한 것 같다. 그럼 "필요한" 행동을 할 수 있다.

예를 들어

1) 프로젝트가 어떻게 진행되고 있는지 상사에게 보고하는 것에서 그치는 게 아니라, 상사에게 이렇게 보고하였다고 해당 개발자 팀원들을 태그 하여 같이 알려줄 수 있다.

2) 특정 팀원이 프로젝트를 끝내는데 얼마나 많이 힘들었는지 알기에 CEO에게 보상으로 팀 성과 선물을 요구할 수 있다.

3) 팀원이 OFF (휴가)라면 알람이 울릴 수 있으니 슬랙 메신저에 태그 하지 않다가 돌아오는 날 태그를 건다.

등등 교류가 쉬워질 만한 모든 행동이 무엇일까, 어떻게 부담스럽지 않게 할까 등을 고민하는 자세가 필요한다. 이게 차갑고 냉정한 효율성을 강조하면서도 감정적으로 따뜻한, 서로가 서로를 챙겨줄 수 있는 분위기로 잘 밸런스 하여 조성할 수 있는 방법이라고 믿는다.

자퇴생이었지만 영어는
죽어라 공부했어요

강릉서부터, 서울 직장 취업까지 평생 날 괴롭혔던
그 언어

11살 때 학교를 그만두었다.

 인천에서 강원도 강릉으로 이사 온 당시만 해도 올림픽이 열리기 한참 전이라 그 도시는 정말 아무것도 없었다. 황무지같이 도로는 모두 비포장이었다. 시청, 경찰서, 마을 작은 도서관, 편의점 등 듬성듬성 떨어져 있는 건물들은 때가 끼어 지저분했다.

 유일하게 좋은 건 아파트 앞에 주문진 바다가 넓게 펼쳐져 있다는 것이었다. 도깨비 촬영 전까지 이 바다는 정말 지저분하고 도로가 없었다. 흙이 바닥에 먼지처럼 일렁여서 멀리서 보다가 갯벌인 줄 알았다. 동해안 바다가 그렇게 못생겨 보일 수 없었다.

 자퇴를 하고 이 마을이 정말 싫었다. 할 수 있는 것이 없었고 교육적 기회도 적었으며 자퇴한 나와 여동생을 바라보는 시골 사람들 시선도 곱지 않았다. 아침부터 도서관에 갈 때마다 왜 학교에 안 갔는지, 우리에게 어떤 문제가 있었는지 어른들에게 수시로 질문을 받는 것이 싫었다.

 학교를 그만둔 걸 내가 정신적 장애가 있기 때문이 아니라 그저 다른 방식의 교육을 받고 있는 기라고 인식했으면 참 좋았을 텐데 아쉽게도 그런 고급스러운 대우를 받지 못했다.

아침에 일어나면 부모님과 QT를 했다. 성경책을 읽고 말씀을 묵상하고, 지루하지만 독후감 형식으로 글도 쓴 다음에 도서관에 가 하루 종일 손에 집히는 책 아무거나 읽었다.

영어를 만나게 된 계기

부모님과 다니고 있던 교회는 우리 집에서 한 시간 정도 떨어진 속초에 위치했다. 내가 13살일 때, 크리스마스 날 외국인 두 명이 교회에 찾아왔다. 덩치가 거인만 한 키 크고 유럽계열 백옥 피부를 지닌 40대 중년 백인 부부였다. 외국인이 신기했던 나는 교회에서 영어 가장 잘한다고 소문난 언니 소매 잡고 다가가 인사를 드렸다. 물론 언니와 외국인 부부와의 대화를 알아듣지는 못했다.

이후 외국인 부부는 교회 한국인 예배에 매주 찾아왔다. 몇 주 후 이분들을 위해 교회 목사님께서 교회 맨 꼭대기층 방을 영어 예배실로 만들겠다고 발표했다. 여름에는 선풍기가 없고, 겨울엔 난방이 되지 않는 아무도 쓰지 않는 방이었다. 매주 스태프들이 들어가 해외 사이트에서 다운로드한 설교 영상을 틀어주고, 예배 후 성경 스터디를 한다고 들었다.

소식을 듣자마자 스태프를 모집하고 계신 집사님을 찾아갔다. 내가 피아노를 조금 칠 테니 반주자로 들여보내 달라고 부탁했다. 내게 바로 피아노를 쳐보라고 하셔서 딱히 좋지 않은 실력으로 무작정 코드를 쳤다. 어차피 반주자가 필요한데 지원하는 다른 이들이 없었기 때문에 나는 스태프가 되었다.

속초 교회 영어예배 스태프와 외국인들. 가운데 나

예배가 열리는 첫날 오신 외국인들 가운데 그 부부가 왔다. 정식으로 서로를 소개하며 (바디랭귀지로) 그분들은 내게 지도의 아프리카 대륙 최남단 끝 쪽을 손가락으로 가리키셨다. 그리고 자기들이 '남아공'이라는 나라에서 왔으며, 남성분은 독일계, 여성분은 네덜란드계 유대인 혈통이시라고 소개했다.

그분들은 자식이 없으셨다. 어쨌든 당시 궁금해도 실례가 될까 물어보지 못했고, 또 "How are you"조차 못하는 나였기에 영어를 못해서 못 물어봤다. 아이가 없으신 두 부부는 나를 보자마자 딸아이처럼 귀여워해 줬다. 왜 아이가 없는지는 그분들을 알고 몇 년 후에 물어봤는데, "하나님이 허락하지 않으셔서"란다.

그분들은 "Janet"이라는 내 영어 이름보다 한국 이름에 더 예쁘다고 하셨다. 나는 한자어로 '은혜 은'자에 '빛날 빈'을 종이에 써줬는데 너무 아름답다며 놀라워하시더라. 그때부터 영어 이름을 쓰지 않고, 어디를 가든, 심지어 지금 직장에서도 "EunBin"을 쓴다.

그분들이 내가 학교를 다니지 않고 혼자 공부한다는 걸 알게 되었을 때, 원어민 선생으로 계신 학원에서 쓰는 교재를 가지고 오시더니

❝

**"은빈, 우리가 매주 일요일 예배 후 영어를 가르쳐 줄게.
주제를 정해줄 테니 에세이를 매주 써서 올래?"**

하고 무료 수업을 제안하셨다. 그렇게 시작한 영어수업은 그분들이 한국을 떠나기까지 2년 동안 계속되었고, 수업 후 날 데리고 설악산이나 아이스크림 가게에 데려가기도 하시며 대화가 안 되는 나와 많

은 대화를 하려고 노력하셨다.

 덕분에 나는 세계를 배우기 전에 아프리카를 먼저 배웠다. 영어를 학교 교재가 아닌 성경으로 배웠다. 남들이 이른 시기부터 커리어를 쌓고자 학원을 다닐 때 교회라는 소그룹 공동체에서 만난 사람들과 대화하며 가치관을 형성하는데 시간을 더 투자했다. 지금도 인생에서 휘청거리다가 다시 오뚝이처럼 쉽게 일어서서 버틸 수 있는 이유는 그때 그분들이 내게 심어준 곧은 가치관이 마음 깊이 뿌리 깊게 자리하고 있기 때문이다.

 두 부부는 2년 후 한국을 떠나 태국, 케냐, 인도네시아 등 여러 나라를 돌아다니며 선교 활동을 시작하셨다. 수시로 문자를 주고받으며 근황을 주고받았다. 그분들을 보러 돈 모아 계신 나라들을 다 방문했다. 내가 타국에서 그분들을 방문할 때마다 숙소를 마련해주신 것이 감사해서, 최근에 한국으로 다시 여행 오셨을 때 우리 가족이 바다 바로 앞의 예쁜 숙소를 사비로 잡아드렸다.

홀로 서기

 다시 내 청소년 시절. 그분들이 한국을 떠나고 난 다시 혼자였다. 영어를 같이 공부할 사람이 없으니 전국의 영어 스피치 콘테스트를 찾아보고 모두 지원하며 외국인들을 만나려고 노력했다.

충격적이지만 학교를 다니지 않는다는 이유로 지원이 불가능한 곳이 많았다. 억울했다. 말이 안 된다고 생각했고, 그만큼 절실했기에 각 콘테스트 주최부에 전화를 걸어 날 받아 달라고 졸랐다. 어린애가 전화기로 빽빽 대니 시끄럽다고 그냥 끊어버릴 수 있었을 텐데 다행히 몇 군데는 공고문에서 지원자격을 수정해줬다.

무소속으로 그렇게 참가한 영어 콘테스트가 열 곳이 넘는다. 그중 처음 5곳은 모두 본선에서 탈락했는데, 이유는 무대 앞에 서자마자 말 한마디도 내뱉지 못했기 때문이다.

무대공포증이 있었다. 한 번은 본선 무대에 올랐을 때 힘차게 내 소개를 하고는 그대로 무대에서 실신해버렸다. 일어나니 구급차 실리기 직전이었는데 정신 차린 내가 그냥 긴장해서 그런 거라고 얘기하고 내렸다.

그 날 부모님과 친구들 앞에서 정말 창피했다. 지금은 많이 씁쓸한 기억이 되었다.

발표가 좀 괜찮아 지기 시작한 18살, 일본의 미국 대사관에서

　그 이후로 일부로 본선에 자주 진출해서 무대 위에 섰는데 한 일곱 번째 섰던 때부터, 기절하거나 머릿속에 백지장처럼 하얘지는 일이 일어나지 않았다. 이 무대공포증 이겨내는 거 참 힘들었다. 지금도 발표 직전에는 떨린다. 그래도 눈 꾹 감고 시작하면 되긴 된다.

남아공 교환학생 실패

유일하게 해외에서 살 수 있는 기회가 남아공에서의 한 학기 교환학생이었다. 영국의 식민지를 받았던 아프리카 나라라서 현지인들이 길거리 거지들도 영어를 잘한다. 심지어 미국 영어보다 고급스러울 때가 많다.

아프리카와 한국 간 교류가 잘 없어서 학생 비자를 받는 게 참 힘들다. 엄청난 양의 서류 준비, 심지어 서류에 글자 하나가 기재되어 있지 않는다는 이유로 비자를 세 번 이상 거부당했다. 그만큼 힘들게 준비했던 이유는 아프리카를 공부할 이유도 있지만 해외에서 처음으로 살아보고 싶었기 때문이다.

그런데 막 정착하려는 때, 남아공에 도착한 두 달 뒤, 코로나가 터지며 아프리카에 봉쇄령이 내려졌다. 얼마 안 가 한국으로 도망치듯 전세기 타고 귀국했다.

그래서 지금은

제대로 배울 기회가 많지 않았음에도 지금 한국어만큼 영어를 편하게 구사하는 것이 기적이고 감사하다. 다들 영어 배우는 데 참 많은 고생하고 있을 텐데 나도 그랬고 지금도 그렇다. 영어는 내 인생에서 가장 많은 시간을 투자했으며, 가장 자신 있는 언어인 동시에 가장 날 못살게 괴롭힌 언어다.

어떻게 너무 인정하기 싫은데 아쉽게도 세상엔 쉬운 게 하나 없나 보다. 뭔가 얻기 위해 수고하고 희생해야 하는 건 바꿀 수 없는 세상 원리인 가 보다. 그런 로직으로 창조되었다면 인정하고 보기 좋게 이겨내 보려고 한다. 나는 계속 도전하고 영어를 공부해볼 테니 여러분도 주눅 들지 마시고 파이팅하시길 응원한다.

초보 PM이 하기 쉬운 4가지 실수

네, 경험담입니다. 여러분은 하지 마세요.

1. 개발자들에게 일만 전달해주면 되는 줄 알았다 (X)

> 일의 비즈니스적 가치, 목표도 같이 알려야 한다. (O)

비즈니스 가치는 회사 또는 회사의 구조, 행동 라인, 윤리적 원칙 및 조직 문화를 정의하는 자체 요소 집합이다. 이 가치를 회사 모든 구성원이 잘 인지하고 있어야 각 팀원이 일의 우선순위를 회사의 목표에 맞게 세울 수 있고, 자신의 일에 책임감도 느낀다.

같은 이유로 우리 회사 CEO는 3개월에 한 번씩 정기적으로 타운홀(Townhall) 미팅을 연다. 비즈니스 본부, 개발 본부 전 직원이 회사의 목표와 지난 분기 실적을 같이 돌아보고 회고하는 시간이다.

모두가 CEO의 프레젠테이션이 끝나면 마음껏 질문할 수 있고, 하고 싶은 말이 있다면 주제를 정해 발언할 수 있다.

같은 이유로 개발본부의 내 팀장이신 프로덕트 오너는 개발자들에게 프로젝트를 시작하기 전 이 프로젝트의 비즈니스 가치를 같이 공유한다.

회사의 이번 해 매출 목표가 얼마 정도이며, 이 프로젝트가 어느 규모로 그 목표에 기여할지를 강조해 프로젝트의 중요성을 알리고자 미팅을 한다. 거기다 관련 기능을 제안한 비즈니스 본부 팀원을 불러 추가적인 비즈니스 목표를 설명하게끔 한다. 아래와 같은 가치관을 따라.

> **66**
>
> 프로젝트를 비즈니스 요구에 결부시키지 않으면 잘 만들어진 소프트웨어라 하더라도 조직의 ROI(Return on investment) 관점에서는 실패한 것이다.

> **66**
>
> 프로젝트 완료가 구체적으로 어떤 형태로 이익이 되는지를 이해하게 되면 팀을 동기 부여하고 당장 어려운 결정을 내리는 것이 쉬워진다.

신선한 목격이었다. 그냥 일을 던져주는 게 아닌 "왜 이 일을 해야 하는지" 공유하며 개발자들이 마감일 내에 끝내도록 동기를 부여하는 건 효과적이었다. 개발자들이 마감일을 지키며 프로젝트를 끝냈고 모두가 만족하는 결과물이 나왔다.

그동안은 "상사가 이 기능을 원해서 이슈를 만들어 드렸어요. 이거 해주세요" 라며 일을 드렸다면 이제 조금 더 이유를 덧붙이려고 노력한다; **"저희 팀이 이 기능을 기획했는데, 그 이유는 유저에게 각 데이터 디테일을 한눈에 보여줄 수 있기 때문이에요. 경쟁사에도 없는 기능이니 저희에게 셀링 포인드(Selling point)가 될 수 있어요. 이 이슈를 드릴 테니 작업 부탁드려도 될까요?"**

2. 프로젝트, 개발자가 3일 걸릴 거라면 그대로 믿었다 (X)

> 그 3일에 10%를 추가해 마감일을 잡자. 버퍼(Buffer)가 반드시 있다 (O)

작업에 추가하는 추가 시간을 버퍼라고 한다. 지연되더라도 전체 프로젝트 일정에 영향을 미치지 않도록 처음부터 마감일에 포함한다. 프로젝트 각 단계를 살펴보면서 최선의 계획을 기반으로 단계별 전체 기간을 감안해 각 단계의 전체 기간에서 10% 기간을 버퍼 작업으로 각 단계 마지막에 추가하는 작업이 필요하다.

개발자들은 사실 얼마나 이 작업이 걸릴지 확신하지 못한다. 코드에 변수가 생길 수 있는데 그들이 그걸 정확히 짚고 예측하는 건 불가능하다. 근데 PM은 당연히 개발 쪽을 더 모를 테니 개발자들에게 마감일 계산을 부탁하겠고, 개발자들은 잠정적인 마감일을 잡고 우리에게 전달할 것이다.

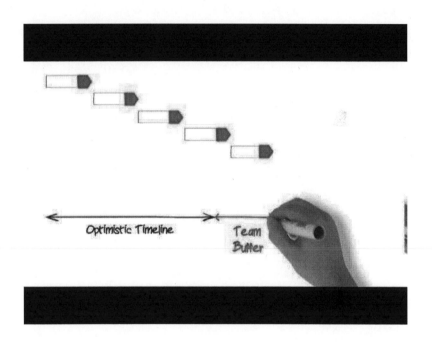

이를 고려하여 10%를 어림잡아 계산해 더 넣도록 한다. 반드시 10%로 따를 필요는 없고, 회사마다 사정이 다르고 속도라 다르니 가늠하여 기준을 세워 보길 바란다.

프로젝트들이 계속 마감일을 넘기는 현상이 발생한다면, 이건 프로젝트 매니저의 책임이다. 프로젝트 매니저는 각 프로젝트마다 팀의 진행속도(Team velocity)를 계산하게 된다. 이건 여러분이 쓰는 실무 관리 툴(Gitlab, Jira, Asana 등)에 가이드라인이 있으니 꼭 기능을 찾아보길 바란다. 프로젝트들이 반복되며 팀 속도가 측정되면 평소 개발자들이 마감일을 과소평가하는지, 과대평가하는지 알 수 있다. 이걸 사용해 속도를 측정하고 무엇이 문제인지 원인을 파악하고자 노력해보자.

또 주의할 점은, 더블 디핑(Double-dipping)에 빠지지 않도록 해야 한다. 버퍼는 여유 시간을 개발자들에게 주기 위함도 있는데, 이를 두 번 추가하면 효율성의 밸런스가 깨진다.

3. 문서에 기록된 절차, 반드시 지켜야 하는 줄 알았다. (X)

> 문서는 수시로 바뀌는 절차를 기록하고 공유하는 수단이다. (O)

문서는 정말 기초적인 수단에 불과하다. 절차를 적어 거기에 팀을 맞추는 용도가 아니라 변경되는 것을 기록하여 팀의 기억을 돕는 수단으로 사용하는 것이 옳다. 전달될 정보를 전달하는 최선의 방식이지만, 중요한 데이터를 전달하는 가장 취약한 방법이기도 하다. 그래서 상황에 따라 다르게 사용해야 한다.

빠르게 변화하는 트렌드, 기업문화에 발맞춰 새로운 프로세스를 PM팀은 계속 시도하고 도입한다. 그러니 어느 절차에 정착하려는 생각을 하면 안 된다. 문서에 기록된 대로 팀원들이 일하도록 절대 강요하지 않는다. (이슈를 다 작업하면 라벨을 당신이 반드시 바꾸라는 등).

더 효율적인 방법이 있다면 굳이 절차를 완벽히 맞춰 지킬 필요가 없으며, 큰 틀 안에서의 움직임은 바뀌지 않도록 통제만 하면 된다.

중요한 건 사람이다. 결정도 문서에 적힌 대로 수동적으로 따르는 것이 아니라 팀원들이 하도록 한다. **문서는 사람을 위해 존재하는 것**이니, 큰 틀 안에서 자유롭게 팀원들이 결정하는 것에 제한을 두지 말자.

4. 훌륭한 소프트웨어 제품을 만들어야 한다 (X)

> 사용자가 사용하는 소프트웨어를 만든다 (O)

사실 훌륭한 소프트웨어란 존재하지 않는다고 배웠다. 결함이 없는 코드는 불가능하다. 그래서 완벽함에 집중하지 않고 사용자가 '사용하는' 제품을 만드는 것이 개발자들의 임무라고 배웠다. 프로젝트 매니저가 이 사실을 알아야 할 중요한 이유는 완벽한 제품을 만들려고 개발자를 압박하는 사태가 없어야 하기 때문이다.

"

사용자가 더 잘 사용할 수 있도록 계속 제품을 개선하고, 버그가 있다면 놀라지 않고 개발자와 같이 이슈를 공유하여, 프로젝트의 이슈 해결에 더 집중하는 자세도 가질 수 있다. 동시에 개발자들은 시스템을 함께 만들어가는 동반자라는 마인드셋을 지니게 한다.

결함 없는 코드를 만드는 것은 불가능하다. 어떠한 단계에 속하든 결함이 있으며 변경 가능성이 높으며, 정확하지 않은 문서를 만들 수밖에 없는 이유다. 완벽하지 못해도 거의 들어맞을 수준으로 '개선'한다는 목표를 가져야 한다.

완벽한 실행은 허구다. 이걸 몰라서 참 많이 헤맸고, 이해하지 못했다. 어떤 직무이든 성숙 단계로 가려면 시간이 필요한 법이다. 정말 아주, 오래 필요할 수도 있다. 그러니 나는 처음부터 완벽하겠다는 생각을 접겠다.

위에 있는 점들을 알고 난 후 프로젝트 매니저로서 부담도 줄었고, 팀원들과 소통도 훨씬 유연하게 되었다. 많이 몰라 헤매고 있는 내게 항상 새로운 점을 발견하게 해주는 팀원들이 있어 매일 많은 걸 배운다. 피드백을 수시로 요청하며 내가 놓친 게 없나, 더 배워야 할 건 없나 끊임없이 질문한다. 아마 앞으로 몇십 년이 지나도, 다른 직업을 갖게 되더라도 계속 질문할 것 같다.

두 시간에 책 한 권,
효과적인 직장인 공부법

짧은 시간에 엄청난 양의
지식 습득하는 환경 만들기

글 읽기를 좋아하는 나는 내가 방금 읽은 것들은 내일이면 머릿속에서 증발할 것을 알고 있다. 소중한 시간을 들여 읽은 것이 기억나지 않는 만큼 억울한 게 없다.

그래서 나를 위해 가장 효과적인 공부법, 아니, 지식 습득법을 연구하느라 시간을 좀 보냈다. 장소도 옮겨보고, 비싼 노트를 사서 써보는 등.

이 장에서 언급하는 공부법은 퇴근 후 도서관에서 가서 뭔가를 단순히 공부하는 수준을 넘어, 직장에서도 새로운 업무를 일부로 도맡아 하며 앱 툴을 써보는 등의 모든 "배움의 영역"을 포함한다. 그동안 연구한 결과 내게 찰떡같이 먹혔던, 단순하지만 강력했던 나만의 공부법을 공유한다.

1. 남들과 "공유"할 루트를 찾기

나는 일상을 인스타그램에 포스팅하는데, 내 생각은 브런치에 공유한다. 일기와 독서 리뷰는 티스토리에 올린다. 이는 미래의 내가 과거에 무엇을 했는지 정리하고 후에 돌아보기 위함이다.

머릿속에 꽉 찬 생각을 글로 풀어 써내려가는 걸 좋아한다. 마찬가지로 지식을 새로 배우면 글로 적어 저장해야 한다. 그래야 스스로 외워야 한다는 부담을 덜 갖게 된다.

거기다 SNS에 올려 남들과 공유할 생각까지 하다 보면 내가 책을 읽으며, 또는 생각날 때 쓴 글을 더 맛깔스럽게 정리하려고 노력하게 된다. 그 과정에서 글을 다시 정독해야 하니 머릿속에 글들이 박힌다.

<u>업무 때도 새로운 걸 도맡아 하려고 애쓰는 이유가, 다른 직원들과 결과물이 공유될 것이기 때문에 열심히 일하며 공부하게 된다.</u> 새로운 기술과 지식도 익히고, 동시에 직장 내 영역 하나를 더 넓히는 것이니 일석이조다.

2. 회사 바깥에서 집중 잘 되는 장소를 찾거나, "만들기".

나는 갈색으로 둘러싸인 장소에서 집중이 잘 된다. 그래서 우드 색 카페를 여기저기 찾아다닌다. 되도록 많은 공간을 체험해보는 걸 좋아해서 한 번 가면 몇 시간은 앉으며 분위기를 맛본다.

내 자취방은 아쉽게도 벽이 하얗다. 밝기만 하면 공부할 때 눈이 부실 것 같아 어두운 와인 병 등을 가지고 와 책상에 두는 등 색깔 밸런스를 맞추려고 별 일을 다했다. 하다못해 나무 향의 방향제, 우드 색이 짙은 향을 피우고, 숲 속에 있는 듯한 느낌을 주는 ASMR까지 유튜브에서 찾아 블루투스 스피커로 틀었다.

침대 이불도 갈색이 섞인 베이지 색, 심지어 마루 카펫도 베이지 색으로 통일했다. 침대 옆에 물건들을 이것저것 놓는 수납장도 나무로 만든 것으로 교체했다.

놀랍게도 이런 노력이 빛을 발했다. 평일 회사에서 지친 몸을 이끌고 돌아와, 의식처럼 향을 피우고 ASMR을 틀면 편안하다. 샤워 후 자기 직전까지 푹 집중해 공부하거나 글을 쓸 수 있는데, 참 좋다.

3. 난 빠른 게 좋거든 - 책 요약은 노트북으로

좋은 글귀가 가득한 소설을 읽을 땐 당연히 비싸게 주고 산 명품 브랜드 노트에 직접 수기로 글을 썼을 것이다. 하지만 내가 지금 지식을 쌓는 "공부"하기 위해 책을 읽고 있다면, 무조건 노트북을 사용한다.

이런 이유로 내 개인 노트북은 16인치로 크기가 크지만 무게가 가벼운 걸 샀다. 회사에서 쓰는 노트북도 최근에 회사가 투자를 받아 교체할 수 있는 기회가 있었는데, 일부러 17인치로 크지만 어디든 들고 다녀도 가벼운 LG 그램 걸로 바꿨다. 어디를 가든 공부하며 뭔가를 기록할 수 있게끔 하기 위함이다.

노트북으로 책을 베낀다는 느낌으로. 큰 목차를 적고, 그 아래 문장을 그대로 카피해 적는다. 필요한 것들만 쏙쏙 빼어 베낀다.

책을 많이 읽다 보면, 처음 훑기만 해도 내게 필요한 정보가 담긴 페이지를 빠르게 찾아내는 기술이 생긴다. 책 전체를 읽어야 할 가치가 있는지, 아니면 부분적으로만 읽어야 할지 짧은 시간 내 분석해낼 수 있다.

어떤 장은 내용이 별 거 없어서 카피할 게 없다 생각될 수 있다. 그럴 때는 과감히 장의 이름만 적고 "여기는 간단히 이러이러한 내용이지만, 나는 알고 있는 부분이니 굳이 적지 않겠다"라고 적고 바로 넘어간다. 이는 후에 다시 글을 읽는 나 자신에게 '대충 읽은 게 아니다'라는 이유를 주면서 당당해지기 위함이다.

요약집 1차 초안이 만들어지면 중요한 문장, 필요한 것들은 하이라이트를 치거나 다시 읽어도 깔끔하도록 색깔을 입힌다. 마치 누군가가 책을 다시 쓴 것처럼 말이다.

나는 이렇게 요약집이 만들어지면, 긁어 SNS (티스토리, 브런치 등)에 붙인다. 사람들이 읽는다 생각하니 더 완벽하게 정리하려는 정독 효과가 있어서 꼭 이렇게 마무리를 짓는다.

4. 2주일에 한 번은 서점을 찾아가기

느슨할 때마다 스스로에게 자극을 주는 나만의 방법이다. 종로에 위치한 우리 회사 근처에는 역 아래로 들어가면 종로 타워 지하에 서점이 있다. 구석으로 들어가면 앉을 수 있는 자리도 비치가 되어 있어 퇴근 후 잠깐 책 읽기에 아주 훌륭한 장소다.

서점에 있는 책은 (잡지에서 읽었는데) 코너마다 장르가 다른데, 이게 그냥 배열된 게 아니다. 큰 대형서점 같은 경우 큐레이터, 심리학자 등 전문가들이 직접 찾아와 계절, 날씨, 트렌드 등을 고려하여 서점 출입구부터 사람들이 지나는 통로까지 책들의 위치를 전략적으로 바꾼다고 한다.

2주일마다 서점에 가면 진열돼 있던 책들이 모두 바뀌어 있다. 새로운 책이 쏟아져 나오는데 책 제목들만 읽어도 요즘 트렌드는 쉽게 파악할 수 있다. 무엇보다 시대가 빠르게 바뀌고 있다는 생각이 들고, 나도 질 수 없으니 얼른 따라잡겠다는 자극을 받는다.

5. 독서가 힘들다면 틈틈이 구독하는 앱: 퍼블리, 밀리의 서재 등

홍대에서 종로까지 버스를 타고 15분~20분이 걸린다. 뉴스나 짧은 매거진 글을 하나 읽을 수 있는 시간이다.

나의 경우 회사에서 10명까지 허용되는 한에서 '퍼블리(Publy)' 앱을 복지 차원 지원하는데, 이 안에 키워드 하나를 검색하면 나 같은 주니어 PM에게 맞는 글들을 리스트로 보여준다. 언제나 검색 후 상단에서 내게 필요한 정보가 가득한 글을 찾는다.

모두 퀄리티가 높은 글이라 돈을 주고 읽을 가치가 어마어마하다. 여기서 인사이트를 참 많이 얻고, 당일 회사에서 실무적으로 사이드 프로젝트식으로 진행하면 좋겠다는 생각이 드는 아이디어를 떠오르게 한다. 버스에서 얻은 조금의 지식은 아침에 졸린 뇌를 깨우고 신나게 평일 하루를 시작하는데 도움도 된다.

'밀리의 서재' 같은 오디오북은 책 한 권이 너무 길고, 차라리 요약된 내용을 읽어주는 유튜브 '책 읽는 남자', '김미경 독서클럽' 등을 듣는 걸 선호한다. 그래서 '밀리의 서재'는 4개월간 들었다가 구독을 취소했다. 여러분에게 맞는, 공부를 효과적으로 도와주는 틈날 때마다 활용 가능한 읽을거리, 혹은 볼거리를 찾길 바란다.

오늘 서점에서 작가 크리스 베일리의 [그들이 어떻게 해내는지 나는 안다]라는 책을 읽었다. 책에서 강조하는 내용 중 하나가 '시간은 더 이상 돈이 아니다'라는 것이었다. 지식경제 시대로 들어서며, 급여와 시간을 교환하던 사람들은 이제 주의력, 에너지, 기술, 지식, 사회적 지능, 궁극적으로 생산성으로 구성된 특정 형태의 조합을 급여와 교환하고 있다는 거다. 이제 생산성이 돈이라는 뜻이다.

생산성과 시간은 더 이상 동일하지 않다. 따라서 시간을 더 확보해서 뭔가를 하려고 하기보단 일상 어디서든 정보를 흡수할 수 있는 환경을 만들어 놓는 것이 중요하다.

짧은 시간에 지식을 흡수하는 연습을 하자. 짧은 시간에 많은 양의 정보를 책, 잡지, 라디오, 커뮤니티, 어떤 방법이라도 좋으니 흡수할 수 있는 나만의 방식을 찾아 터득해보자.

외국계 회사 직장인, 빠른 영어 공부법 4가지

특히나 IT 업계라면, 평균 실력으로 살아남기

우리 회사 개발본부는 한국인 뿐 아닌 프랑스, 미국, 노르웨이 등 다양한 국적의 엄청난 역량을 지닌 프로페셔널들이 모여 협동하는 곳이다. 대부분의 소통은 영어로 이루어진다.

처음 회사에 왔을 때 아주 당황했던 것이, 나는 이미 영어를 평균 실력 이상으로 잘하는데 아무것도 이해하지 못했기 때문이다. 이건 회사 제품을 이해하지 못했기 때문에 당연한 것이어서 무서워할 이유가 전혀 없었다. 그럼에도 미리 알면 언어적인 측면에서 빠르게 적응할 수 있지 않았을까, 하고 생각한 부분을 적어본다.

1. 회사 내에 제품 용어집이 있는지 물어보기

첫날 CEO가 내게 제품에 대해 설명한 영어로 된 용어 리스트를 건네 주셨다. 회사가 제공하는 서비스, 개발자들이 공용적으로 사용하는 단어를 집합적으로 모은 리스트였는데, 코드처럼 글자가 다닥다닥 붙어있어서 잘 이해할 수 없었다. 게다가 내용은 심플한 영어로 되어 있어 이해하기가 어려웠다.

그래도 이 용어 리스트를 주신 것이 감사했고, 훗날 오시는 분들을 위해 나도 공부할 겸 업데이트를 해보기로 했다. 당연히 백엔드, 프론트, UX 등 기초적인 용어도 몰랐기 때문에 그런 건 구글로 다 찾아 공부했다. 우리 회사 제품 시스템의 서버가 어떻게 구성되어 있는지 (서버가 무엇인지부터 개발자에게 물어봤던 기억이 갑자기 난다)도 연구했다.

질문을 받은 프랑스 개발자 동료는 고맙게도 한 시간 시간을 내어 내게 회사 아키텍처가 어떻게 되어 있는지 지도를 그려줬다. "Connect는 여기 있고, 이걸 Backend가 API를 받아서, " 등등 설명을 들으며, 해당되는 단어에 대한 추가 설명을 기존에 있던 용어 리스트에 더 추가해 붙여 넣었다.

개발자 동료가 그려준 것도 PPT에 그대로 담아 캡처해 이미지로 만들었다. 업데이트해 새로 만든 용어 리스트를 Dictionary로 제목 붙여서 노션(Notion)에 담았다.

제대로 된 용어 리스트가 없다면 나같이 용어집을 여기저기 물어가며 만드는 것도 좋은 방법이다. 팀원들은 용어가 통일돼서 좋을 것이고, 나도 제품 용어를 공부할 수 있으니, 한 번 시도해 보길 바란다. 이미 용어집이 있다면 더 좋고 말이다.

2. 같은 업종 영어 기사들 찾아보기

예를 들어 나는 IT 업계에 다니니 IT 뉴스를 읽는 것이 중요했다. 코리안 타임스, 타임스 등에서 IT 관련 뉴스를 많이 찾아 읽었고, Computerworld 등에서 기술 테크 뉴스를, BBC나 CNN에서 Tech news를 찾아 읽기도 했다.

지금 CAPM (국제 PM 자격증 중 하나로, 경력이 짧은 PM들이 도전할 수 있다) 자격증을 준비하고 있기도 하고, 또 프로젝트 매니징 부분에서 영어 실력을 늘리고 싶어 쉬우면서도 적용할 수 있는 영어 단어들이 가득한 사이트를 찾아봤다. 프로젝트 관리 툴을 제공하는 회사 웹사이트인데, 실제 회사에서 실무 하며 써먹을 수 있는 단어가 여기저기 많아서 추천한다.

- Asana - 프로젝트 매니징 관련해 좋은 영어단어 + 공짜 업무 템플릿 리소스를 제공한다.
- Jira - 프로젝트 매니징 관련해 좋은 영어단어 + 매니징 관련 아이디어를 많이 얻을 수 있다.

- Gitlab - 이 사이트는 해외 개발자들과 프로젝트 매니징 측면에서 소통할 때 유용한 단어가 많다.

3. 회사 내 높은 직급의 리더들의 슬랙 대화 참고하기

나의 상사와 CEO가 프로젝트 제품의 개선점, 기획과 관련하여 나눈 모든 영어 대화를 저장했다 (슬랙에선 대화 저장 기능이 있다). 슬랙 내 나의 비공개 채널로 대화를 옮겨 아래 포맷으로 정리했었다.

상황: 이미 배포된 프로젝트에 개선점을 상사가 CEO에게 제안

표현: I like this new feature. But should we consider improving the red-boxed part in the image?

배울 영어 표현: Should we consider improving the~

특징: 새로 배포된 기능에서 개선해야 할 부분을 빨간색으로 박스 쳐서 붙여 넣으심.

추가사항: 상사에게 스크린샷용 크롬 앱 뭐 쓰시는지 문의 드리고 나도 다운로드하기

이렇게 적고 다음날 써먹는 등, 상사들의 영어 대화는 내게 큰 도움이 되었다. 그대로 복붙해서 사용할 수도 있어 좋았다. 이건 정말 추천하는 방법이니, 영어를 모국어로 하는 모든 해외 동료들의 대화를 꼼꼼히 읽어보며 공부하길 추천한다.

4. 외국 동료들과 대화 많이 하기

외국 동료들도 영어가 모국어가 아닌 사람들이 많다. 따라서 발음이 다 다르고, 쓰는 영어단어를 의미를 다 다르게 파악하고 사용하는 경우가 많다.

나는 프랑스 개발자들의 발음을 못 알아들어서 애를 많이 먹었다. 이건 그들의 발음에 익숙해져야 하는 문제였다. 나와 그들 모두 영어를 이미 잘 구사했기 때문에 영어 문제가 아니었다.

중요한 건 이들과 일해서 결과물을 내는 것이니, 점심시간에 틈을 내어 식사라도 같이 하며 대화를 많이 하려고 노력했다. 그래서 작년에 개발자 분들과 거의 매일 나가 밥을 먹었던 것 같다. 대화하면서 서로 친해질 수도 있고, 열린 마음으로 부탁하면 공짜 기초 개발 과외 약속도 받아낼 수 있었다.

생각보다 도와주려는 마음을 많이 갖고 계시고, 표현하고 부탁하면 언제든 옆에 오셔서 감사했다. 다양한 국적의 팀원들이 모인 국제적 환경에서는 열린 마음을 가지는 것이 중요하고, 그래야 팀이 더 잘 굴러간다는 것을 이분들도 알고 계시다.

그러니 주저하지 말고 같이 점심 먹자 하고, 놀러 가자 하고, 가르쳐 달라고 부탁해보자. 나는 그렇게 살아남았고, 지금도 그렇게 생존하려고 노력하고 있다.

프로젝트 매니징에 도움되는
책 4가지

사수가 바쁜데 가이드는 필요한 당신에게

오늘은 도서관에서 그냥 읽은 책이 아닌, 내가 읽고 너무 좋아 내 돈 내고 산 책들을 소개한다. 집과 사무실에 두고 백과사전처럼 참고하는 책이다. 프로젝트 매니징뿐만 아니라 직장인에게 도움이 되는 책들도 같이 포함해 소개해보겠다.

1. [프로젝트 관리자가 알아야 할 97가지]

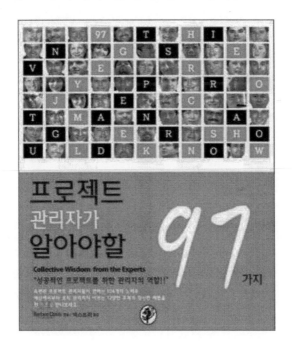

프로젝트 매니징에 대한 내 시각을 180도 바꿔준 책이다.

현업에서 근무하고 있는 매니저들의 다양한 시각에서 나온 피드백을 담은 '피드백 모음집'이라 볼 수 있다. 개발자와 디자이너 팀원들을 대하는 태도, 팀을 이끌 때 지녀야 할 마인드셋, 효과적으로 회의를 이끄는 방법, 정확한 수치로 팀 효율성을 측정하는 방법 등 꿀팁과 노하우를 전수해 준다.

해외 매니저와 한국 기업에서 일하는 매니저들의 조언이 둘 다 담겨있다. 무엇보다 피드백을 전수해주는 매니저들의 국적과 회사, 시각, 문화가 모두 다른데 매니징에 관련한 의견은 동일하니 아주 흥미롭다.

2. [애자일 마스터]

애자일을 실천하는 프로젝트 매니저가 팀을 어떻게 이끌면 될지 A 부터 Z까지 세세하게 알려주는 책이다. 2012년에 출판된 책인데 중고서점에서 우연히 발견하여 바로 구입했다.

스크럼과 스프린트 개념부터 시작해, 프로젝트 매니징 각 단계가 어떻게 이뤄져야 하는지, 각 단계에서 누구를 포함해야 하는지, 회의는 어떻게 이끌면 좋을지 등을 설명한다.

사무실 데스크에 두고 백과사전처럼 참고하는 책이다. 빠른 속도로 일을 처리해내며 팀을 이끄는 방법을 담는다. 아직 애자일을 배우고 있기 때문에 막막할 때 한 번씩 펼쳐 참고한다.

3. [팀장의 탄생 - 실리콘밸리식 팀장 수업]

나는 팀장이 아니지만 프로젝트 관리자로서 팀원들을 어떤 태도로 대해야 더 협조적인 사무실 분위기를 만들 수 있을까, 고민이 많았다. 관리자 타이틀을 가진 직무를 지닌 사람으로서 나 자신이 당당한 팀

원이 되고 싶었다. 그러다가 우연히 서점에서 이 책을 만났다.

책에 적힌 내용은 실천하기 이성적으로 어려운 내용이 많다. 팀원들의 감정적인 부분을 달래면서 이성적으로 옳은 결정을 내리는 것에 대한 조언으로 가득한데, 이건 팀장이 이성과 감정 사이 밸런스를 근본적으로 잘 유지해야 가능한 것이기 때문이다.

그래서 그런지 팀장을 위한 자기 관리법, 동시에 스트레스 받지 않으면서 실무적으로 팀원들의 고민을 잘 풀어주고 회의를 잘 이끄는 법 등 많은 내용이 들어가 있다.

나는 업무량이 많고 스트레스가 심할 때 화가 쌓여 동료들에게 말투가 거칠어질까 봐 겁이 난다. 그래서 힘들 때는 입을 닫고 동료들을 피하는데, 이게 근본적인 해결책이 될 수 없다는 걸 책이 깨닫게 했다. 지금도 책에서 나오는 내용을 실천하려고 노력은 한다.

중간중간에 만화도 삽입되어 있고, 저자의 개인적인 사례가 들어가 이해하기 쉬웠다. 강력 추천한다. 팀장이 아니더라도 회사 생활에서 동료들과 효과적으로 업무 하기 위해 좋은 인간관계를 형성하는 데 있어 많은 아이디어를 제공하는 책이다.

4. [직장 내공]

멘탈 관리를 위해 추천한다. 회사에서 받는 스트레스 많을 때. 사회 초년생, 경력직무자 둘 다 읽길 바란다. 브런치에 글을 매주 연재하시 던 분이 워낙 유명해져서 종이책으로 출판한 책이다.

회사와 연애를 하고 있는 우리는 회사와 밀고 당기기를 잘 하면서, 나를 지키면서, 또 회사와 가치를 주고받는 방법을 배워야 한다. 사회 생활을 하며 업무와 인간관계로 번아웃이 오는 걸 미리 방지하고 똑 똑하게 일하고 싶다면 추천한다.

퇴근 후 1시간, 몸값 올리는
PM 공부 사이트 4곳

회사에 청구 부탁해도 바로 패스될 가치 뿜뿜

해당 글은 막 PM이 되신 분 뿐만 아니라, 현직자에게도 높은 평가를 받는 사이트를 모아 놓았다. 지난 1년 동안 나의 급성장에 큰 도움이 된 사이트 네 곳을 소개한다.

1. 퍼블리(https://publy.co/)

어느 키워드를 검색해도 나에게 필요한 정보를 찾을 수 있는 사이트이다. 회사에 청구하여 구독하기를 제발 부탁드린다. 매일 아침 회사를 가는 길에 버스에서 20분 (홍대 > 종각 사이) 동안 핸드폰으로 읽으며 당일 실무에 써먹을 수 있는 뭔가를 매일 발견했다.

아이디어를 샘솟게 하는 글이 정말 많았고, 지금도 읽으며 트렌드를 파악한다. 아래 추천하는 키워드를 검색하면 필요한 정보가 뜬다. 어디까지 읽었는지, 한 달 몇 개를 읽었는지 내 퍼포먼스도 자동으로 기록해준다.

[추천 키워드: 개발자, 디자이너, IT, UX, 사회초년생, 직장생활, 트렌드]

2. 구글 Project management course + Coursera

경력이나 학위 없이 빠르게 성장하는 프로젝트 관리 분야에서 새로운 경력을 쌓을 수 있도록 준비를 도와주는 착한 코스. 6개월 코스이며 한 달 구독료 $39를 내면 빠르게 4개월 안에도 끝낼 수 있다. 언어는 영어지만 자막이 제공되어 쉽게 강의 내용을 이해할 수 있다.

이 프로그램은 100시간 이상의 관리 교육을 받도록 하는데, 그럼 세계적으로 공인된 CAPM(Project Management Certified Associate)과 같은 프로젝트 관리 초급 자격증 시험을 볼 수 있는 자격을 갖추게 된다. 수료 시 구글과 월마트, 베스트바이, 아스트레야 등 130여 개 미국 고용주에게 직접 구직신청을 하도록 돕기도 한다.

시험을 합격하면 '배지(Badge)'라는 것을 부여하고 새로운 사이트에 계정을 만들어 저장하도록 안내하는데, 아직 이 사이트가 무엇인지 잘 모른다. 그냥 경력을 증명하는 자격증을 저장하고 해외 구인 사이트에 노출시키는 기능을 하는 것으로 알고 있다.

3. 노마드코더

개발자들과 잘 대화하는 법이 시급한 PM들은 초급 강의만이라도 제발 듣기를 추천한다. 우리 회사 개발자 동료에게 물어보니 추천해 줘서 제공하는 로드맵대로 공부하고 있는데, Nico 선생님이 너무 잘 가르쳐서 코딩에 재미를 붙이는 중이다. HTML, CSS 부터 자바스크립트까지 체계적으로 배우니 실무에서 개발자들과 소통하는 수준도 높아졌고, 우리 회사 웹사이트 랜딩 페이지에 직접 코드를 심을 수도 있게 되었다.

4. 패스트캠퍼스 데이터 분석 툴 평생과정

'평생' 소장할 수 있어서 추천한다. IT-마케팅 회사를 다니는 나에게 7가지 데이터 분석 툴을 사용하는 법을 알려줘서 유용했다. 굳이 툴을 쓰지 않더라도 데이터 분석 개념을 잘 잡아줬고 많은 힌트를 얻어 실무에서 유용하게 써먹었다.

우선 회사에 부탁해 소장하고, 동료들과 계정을 공유해 필요할 때마다 필요한 툴 관련 강의만 들으면 유용할 것이다. 우리 회사는 파이썬을 쓰시 않기 때문에 나는 파이썬 관련 강의를 아직 듣지 못했다. 그래도 평생 소장이라 걱정하지 않는다.

스크럼 마스터 (PSM I)
자격증 후기

튬새시장 노리는 PM 커리어 자격증 추천

애자일(Agile) 매니징을 처음 배우게 된 건 Coursera와 Google이 주관하는 Product management course에서였다. Coursera는 한 달에 $39달러를 내면 값진 좋은 코스들을 무제한 수강할 수 있는데, 그중 기초 PM 파운데이션 (Foundation) 코스가 있어서 회사에 요청해 부탁했다. 중간중간 간단한 과제와 마지막 시험을 치고 수료증을 얻었다.

구글의 Agile management 코스, Coursera

마침 구글 코스를 다 마친 수강생에게 주는 혜택 중 하나가 스크럼 마스터(PSM I) 1급 자격증 등록 비용을 40% 할인해주는 내역이 있어서, 애자일 방법론 중 하나는 집중적으로 공부해보고 싶었기에 온라인 테스트 티켓을 샀다.

우리 회사에서 내가 생각하기에 시급한 것은 커져가는 팀의 워크플로우를 효율적으로 개편하고 컨트롤할 수 있는 방법을 배우는 것이었다. 나 혼자 배운다고 회사 전체가 갑자기 바뀌진 않지만 현재 상태에서 어떤 점이 개선되어야 할지, 우리가 무엇을 잘하고 있는지 등을 볼 수 있는 눈을 키우려면 매니징을 배워야 한다고 확신했다. 그럼 조금이라도 팀이 앞으로 나가는데 도움이 될 수 있을 것 같았다. 오늘 공유할 자격증은 배우길 참 잘했다는 생각이 든다.

애자일이란?

워터폴(Waterfall)과 반대되는 개념이니 '워터폴'을 먼저 설명하고 넘어가겠다. 워터폴은 우리가 가장 흔하게 쓰고 있고 어쩌면 당연하다고도 생각될 만큼 익숙한 프로젝트 수행 방식이며, 팀의 Workflow가 요구분석 → 설계 → 디자인 → 코딩 → 개발 순으로 순차적으로 이어지는   흐름이다.

반면 Agile이란 'Agile = 기민한, 날렵한' 이란 **뜻**으로 좋은 것을 빠르게 취하고, 낭비 없게 만드는 방법론을 통칭해 일컫는 말이다. 즉 수시로 소통하며 즉시 피드백을 주는 과정을 통해 <u>민첩하게 움직이는 조직을 만드는 것</u>이 목적이다. 특징을 정리하면 아래와 같다.

· 짧은 주기의 개발단위를 반복하여 하나의 큰 프로젝트를 완성해 나가는 방식

· 애자일의 핵심: 빠른 협력과 피드백

이 중 '스크럼(Scrum)'은 애자일의 방법론 중 하나이다. 사실 진실로 애자일된 회사는 정해진 프로세스가 있다고 보기 힘들기 때문에 과연 프로세스가 존재하는 스크럼이 애자일 중 한 방식이냐, 아니냐에 의견은 분분하다.

중요한 건 스크럼이든 뭐든 우리 회사에 맞는 프로세스를 만들어가는 것이 정답이고, 그런 올바른 프로세스를 위해서는 다른 회사들의 운영 방식을 살펴보는 것이 중요하다.

이러한 이유로, 우리 회사는 스크럼을 적용하는 회사는 아니지만 개인적으로 다른 회사들이 괜찮다고 평가하는 프로세스를 한 번 깊게 파고들어보고 싶은 마음에 공부하게 되었다.

Spotify와 같은 회사는 애자일 중 스크럼 문화가 조직 내 잘 구성되어 있고 이 방법론이 회사의 성장에 크게 기여한다는 사실을 입증했다.

사실 애자일의 방식은 너무나 다양해서 여러 가지 이론과 모델을 바탕으로 회사 조직 문화에 맞게 도입할 수 있다.

이 중 '스크럼' 방식을 잘 알고 개념을 이해하며 조직 내 스크럼이 잘 흡수되고 운영되도록 관리하는 사람을 '스크럼 마스터(Scrum Master)'라고 하며, 이를 위한 자격증들이 존재한다. 그 중 가장 공신력 있는 것이 PSM이다.

스크럼 마스터 (PSM) I 자격증 후기

내가 공부한 방식은 아래와 같다. 공부하고자 하는 분들은 아래 Step을 따라가길 바란다. '차례로' 공부하시는 것이 중요하다

1. 자격증 소개 및 필수 시험 정보 제공

https://www.scrum.org/resources/ways-learn-about-scrum

2. 자격증을 따기 위한 Step을 제시, 전반적인 공부자료 제공

https://www.linkedin.com/pulse/how-prepare-pass-professional-scrum-master-i-psm-boris-magas/

3. Scrum 공식 사이트 무료 테스트

https://www.scrum.org/open-assessments/scrum-open

4. 자격증 모의고사 온라인 테스트

https://deepeshdarshan.wordpress.com/2019/10/29/psm-1-exam-preparation-part-1/

5. 시험 범위 외에 더 폭넓게 공부하고 싶은 이들을 위한, 참고자료 제공 (옵션)

https://www.scrum.org/resources/suggested-reading-professional-scrum-master

내가 딴 자격증은 기초 1급이고 60분 안에 80문제가 덤프 형식으로 나온다. 시험비용은 150달러이지만 아까 언급했듯 6개월 구글 코스를 완성하면 40% 할인을 받을 수 있다.

스크럼 공식 홈페이지

3번과 4번을 계속 풀다 보면 같은 문제 혹은 비슷한 내용의 문제가 반복되는 걸 알 수 있다. 오답노트를 만들어서 출력해 실제 시험 때 참고해도 괜찮을 것 같다. 풀다가 정 안 되겠으면 그냥 구글 열고 같은 문제를 검색해보자. 그럼 어느 정도 정답을 유추할 수 있는 답변이 바로 나온다.

시험 결제를 하면 메일로 온라인 테스트를 딱 한 번 풀 수 있는 비밀번호를 부여해준다. 결제하고 시험 준비가 다 되면, 며칠 뒤에 입력하고 바로 보면 된다. 나는 결제하고 10일 후, 밤 자정 12시에 시험 봤다. 공부 시간은 집중적으로 하루만 하면 충분하지만, 게으름 피우다가 3일 집중해서 매일 두 시간씩 공부했다.

합격 후

시험을 합격하면 '배지(Badge)'라는 것을 부여하는데, 사실 이 사이트가 무엇인지 잘 모른다. 그냥 경력을 증명하는 자격증을 저장하고 해외 구인 사이트에 노출시키는 기능을 하는 웹사이트인 것으로 알고 있다.

어쨌든 합격 후 배지 메일이 오면 클릭하여 Credly 사이트에 접속하고, 사이트의 리딩에 따라 계정 만들어서 배지를 저장시키도록 하자. 뭐든 하라는 대로 하면 미래에 쓸모가 있을 것 같다.

Scrum master 직업은 국내에는 생소하지만 점차 방법론을 도입하는 회사(요기요 등)가 많아지며 수요가 생겨나고 있는 것으로 안다. 틈새시장을 노리는 PM/서비스 기획자/매니징 팀장이라면 한 번 도전해보기를 추천한다.

개발자 없는데, 사이트는 빨리 만들어야 한다면?

노코드 툴 추천과 활용법: 마케터를 기다리게 할 수는 없지

작년에 2주간 진행한, 엄청난 프로젝트가 하나 있었다.

대부분 회사들의 웹사이드 (랜딩 페이지)는 개발자들이 코드로 손수 짠다. 그러다 보니 마케터들이 랜딩 페이지 문구를 바꾸거나 이미지를 삽입하고 싶을 때, 개발자에게 계속 부탁해야 한다.

한국을 비롯한 전 세계의 많은 회사들은 그래서 노코드(No-code) 툴에 랜딩 페이지를 제작하거나, 기존의 웹사이트를 옮기는 작업을 한다. 이를 하는 첫 번째 장점은 유저들의 구매를 유도해야 하는 랜딩 페이지를 마케터들이 수정하고 싶을 때 개발자 도움이 필요 없이 할 수 있다는 점이고, 두 번째 장점은 개발자의 업무량이 줄어든다는 것이다.

사이트를 만드는 노코드 툴은 정말 많지만, 많은 기능을 포함하려면 제대로 된 노코드 툴이 필요하다. 미국의 많은 회사들은 Webflow라는 노코드 툴을 사용해 랜딩 페이지를 옮긴다.

우리 회사 개발본부 CTO는 Webflow를 발견하자마자 너무나 획기적이라며 감탄했다. 실제 나도 보고 놀랐던 것이 내가 본 어떤 노코드 툴보다 훌륭하고 다양한 기능을 제공힌다. 구현 불가능한 엉억을 1년이 지난 지금까지 단 한 개도 발견하지 못했다.

Webflow 장점

개인 사이트에서 사이트 두 개를 무료로 구축할 수 있다.

- 무제한의 다양한 기능이 제공된다. 심지어 없으면 코드로 제작할 수 있다.
- 마케터에게 제공되는 지어진 템플릿이 100 개가 넘는다
- 전자 상거래, 사이트 트래킹 등 기능도 당연 가능하다
- 사이트 페이지마다 보안을 걸 수 있고, 웹사이트 전체 보안이 철저하다
- 속도가 빠르다.
- 모바일, 웹에서 보이는 디자인이 같도록 반응형 UI 를 제공한다.
- 블로그 CMS 도 제공한다.

스타트업에서 랜딩 페이지를 구축하거나 옮길 생각이 있는 마케터, 기획자라면 Webflow를 적극 추천한다. 다만 Webflow는 개발 지식을 어느 정도 갖추고 HTML과 CSS 개념은 기본적으로 알아야 사이트를 옮기는데 코드 충돌 없이 안전하게 진행할 수 있다. 그래서 나도 사이트를 옮기면서 두 프로그래밍 언어를 아주 기초만 공부했다.

그래도 2주 내로 배포해야 하는 상황에서 나 혼자 사이트를 힘들게 옮길 수는 없으니, Webflow 전문가를 찾아야 도움을 요청해야 했다. Webflow는 전문가 자격증 코스도 제공하고, Webflow University라는 사용 가이드 영상들도 제공하며, 이를 완수한 사람들이 모인 이름 하여 '전문가 그룹' 모임이 있다.

>>   1. Webflow Expert website: 구글에 치면 바로 나오는 사이트
>>   2. Webflow Expert Facebook group: 관리자의 승인이 나야 가입할 수 있는 페이스북 그룹

1번 공식 웹사이트로 여러 전문가에게 연락해봤는데 300만 원이 넘는 높은 가격을 모두 불러서 고민 중이었는데, 좀 더 비공식적인 루트를 생각하다가 폭풍 검색으로 2번을 찾아냈다. 페이스북 그룹에 몇 번이나 가입 승인 요청을 보냈는데 연락이 없어서, 관리자 개인 이메일을 찾아 내가 도움이 긴급히 필요하니, 승인해달라는 메일을 보냈다.

관리자 국적과 이름이 기억 안 나지만 하튼 내 가입을 승인해줬고 나는 전문가를 찾는다는 포스팅을 올릴 수 있었다. 수많은 사람들이 내 회사 이메일로 연락을 취해와서 엑셀로 전문가 이름과 신상 정보, 포트폴리오를 쭉 나열해보니 내가 26명의 Webflow 전문가들과 연락 중이디라.

고르고 골라 한국과 시간 차이가 별로 없으며, 영어를 쓰고, 포트폴리오와 웹사이트가 마음에 쏙 든 싱가포르 전문가를 찾았다. 이 분과 견적을 맞춰 가격을 협상하는데, 모든 사이트를 다 맡기기보단 나도 그분을 도와드리는 걸로 타협하며 가격을 백만 원 정도 깎았던 기억이 난다.

Webflow로 사이트를 연습 삼아 제작해보았기 때문에 회사 기존 웹사이트 페이지 중 어렵지 않은 장들은 내가 직접 만들어낼 수 있었기 때문이다.

그래서 싱가포르 전문가가 웹사이트를 모두 Webflow 플랫폼으로 이전시키고, 나는 혼자 QA를 시작했다. 밤새서 작동하지 않는 버튼, 하이퍼링크에 잘못 삽입된 링크 등을 꼼꼼히 검토했다. 개발본부 팀원들이 다 다른 프로젝트로 바빠서 나 혼자 진행하던 프로젝트라 (지금 생각하면 왜 그리 큰 프로젝트에 보조 팀원을 붙여주지 않았을까 의문이긴 한데) 혼자 해야 했다.

어떤 제품도 개발 후 당연히 버그가 있지만, 다행히 Webflow로 이전되고, 트래킹 코드가 심어지고, 도메인 주소가 옮겨진 후 배포되었을 때 심각한 버그가 많이 보고되지 않았다.

안전한 배포 후 "운이 좋았다"는 말을 들었지만, 아니다. 나 정말 밤새며 2주 동안 이 프로젝트에 모든 걸 쏟아부었다. 어쨌든 배포 후 이제 마케터들이 자유롭게 랜딩 페이지를 운영할 수 없도록 해야 할 시간이었다. 아래와 같은 세션을 진행했다.

위임 과정 (Delegation process)

- ✓ Doc을 만들어 Webflow 기초 지식, 통일되는 용어 가르치기

- ✓ 싱가포르 전문가를 우리 회사와 장기간 협력하는 외주 프리랜서로 임명하여 연락처를 공유

- ✓ 코드 관련된 개발적인 버그가 발생할 시 개발본부의 특정 담당자(나)에게 연락하도록 절차 정리

윅스 (Wix) 등 다양한 노코드 툴이 있지만 기능이 제한적이고 심플하다. 속한 회사가 고급 웹사이트가 필요하다면 Webflow가 정답이다.

시간이 꽤 지난 지금도 가끔 특정 그룹의 유저들을 위해 설문지나 Form 페이지 자체를 생성해야 할 때가 있다. 그때 투입되어 빠르게

페이지를 만들어내는데 두 시간이 걸리지 않는다. 연습이 많이 필요하긴 해도, 감을 잡으면 쉽게 작업할 수 있다. 연속으로 감탄한다.

기획이 끝나고, 개발자에게
일은 어떻게 넘길까?

WBS 활용법과 이슈 쪼개기

WBS는 Work Breakdown Structure의 약어로 '작업 분류체계'라고
도 하며 프로젝트에서 수행할 작업을 계층적으로 정의한 표이다. 예
를 들어, 집을 건축하는 것을 하나의 프로젝트라고 하면 디자인부터
시작해 초안 잡기 > 건축 > 검토 > 최종 확인 등으로 단계가 나눠져
있다면, 각 단계에서 세부적으로 해야 할 일이 무엇인지 나눠보는 것
이다.

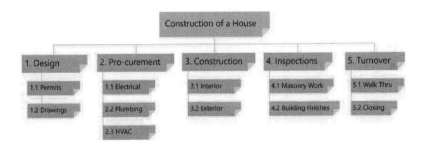

팀이 한 번에 워크플로우와 단계가 정해졌다면, 정해진 업무 분류
체계를 가시화하는 작업이 필요하다. WBS에는 아사나 (Asana)에 따
르면 다음이 포함되어야 한다.

1. 프로젝트 계획, 설명, 이름을 비롯한 프로젝트의 기준이 되는 정보

2. 프로젝트 이해관계자

3. 체계적으로 계획된 프로젝트 일정

4. 프로젝트 결과물 및 하위 작업

이를 기준으로 하나씩 차근차근 알아보자.

1. 프로젝트 개요를 분명히 하기

우선 다른 사람들과 공유할 수 있도록 프로젝트를 '설명'하는 문서를 적어내야 한다. 사용자 입장에서 알아볼 수 있도록 쉽게 프로젝트 '이름'을 짓고, 설명과 계획을 적어낸다. 프로젝트에 필요한 모든 걸 적어낸다고 보면 된다. 나의 경우 아래의 정보를 포함한다.

- 프로젝트 이름, 짤막한 개요, 추가 필요한 설명

- 프로젝트에 투입되는 팀원들 이름, 역할

- 프로젝트를 제안한 마케터 이름

- 개발 시 필요할 정보가 담긴 모든 사이트 레퍼런스

- 프로덕트 오너가 디자이너와 업데이트한 디자인, 기획 문서

- 배포 후 개발본부 팀원들이 피드백을 주고받으며 안건 목록

- 배포 후 마케터들이 프로젝트 관련하여 사용자와 소통할 때 참고할 수 있는 문서 (개발 문서를 사용자 입장에서 쉽게 정리하고 설명한 문서인데, PM 팀이 담당하여 적어낸다)

- 슬랙에서 관련하여 나눈 모든 대화 링크들

　많아 보이지만 사실 모두 필요하고 정리해보면 별 거 없는, 조금씩 발전시켜 완성한 목록들이다. 팀원들과 타 부서 사람들이 프로젝트를 파악하고, 몇 달 후 프로젝트를 다시 돌아보는 데 큰 도움이 된다.

2. 프로젝트 이해관계자를 정의하기

　이해관계자란 프로젝트에 관여해야 하는 모든 사람들을 의미한다. 누가 참여하고 미팅이 잡힐 때마다 어느 부분을 검토해야 하는지 정의하는 것이 중요하다. 그래야 모두가 만족하는 결과물을 만들어낼 수 있다.

- 프로젝트를 제안한 마케터의 이름
- 프로젝트 개발 사항을 중간에 검토할 지원자(제안한 마케터, 혹은 PO가 전체 맡을 수도 있다)
- 프로젝트 매니저
- 개발자, 디자이너

- 배포 후 사용자에게 해당 기능 소식을 전달할 팀 혹은 팀원

3. 체계적으로 계획된 프로젝트 일정, 하위 작업

프로젝트 마감일을 정해야 한다. 개발자, 디자이너가 어느 정도 시간이 걸릴지를 같이 확인하고, 얼마나 일이 어려울지, 어떤 리소스가 필요할지 확인해주어야 한다. 이후 Daily standup이라고, 매일 일이 잘 진행되고 있는지 모니터링하며 마감일이 잘 지켜지도록 PM이 적극 도와줘야 한다.

개발자와 디자이너와 정확한 마감일을 정하려면 각 이슈를 쪼개 주어야 한다. 이도 실무진과 함께 진행해야 한다. 예를 들어 디자이너가 디자인을 완성하는 것은 [기능 UI 디자인 > 피그마(Figma) 업로드 > PM이 최종 컨펌 > 개발자 전달] 같은 절차가 필요하다. 그렇다면 여기서 [기능 UI 디자인 > 피그마(Figma) 업로드]가 디자이너가 해야 할 일이니, 절차를 이슈로 변환해 두 개로 쪼개면 될 것이다.

절차를 이슈로 변환하는 것은 우리 팀의 편의를 위해 하고 있는 방법이니 무조건 지켜질 필요 없다. 실무자들과 상의하여 어떻게 업무를 쪼개면 좋을지 함께 확인하도록 하자. 훌륭한 WBS가 만들어질 것

이다.

절차가 만들어졌고, 각 단계에서의 일이 세분화되었다면 아래 이미지에서 설명하는 세 방법으로 가시화될 수 있다.

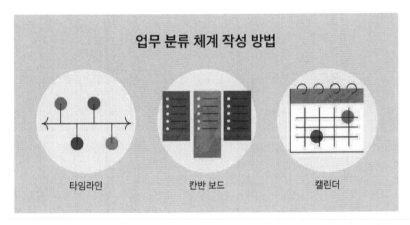

출처: Asana

나는 회사에서 타임라인과 칸반 보드를 사용한다. 타임라인은 말 그대로 스케줄을 줄로 표시한 것이고, 칸반 보드는 단계를 [시작 > 개발 중 > 배포] 같이 단계로 나누어 그 안에서 이슈들을 넣는 것이다.

캘린더는 마케터들을 위해 프로젝트 배포일만 업데이트한다.

4. 프로젝트 결과물

프로젝트 결과물이 나오면 아래와 같은 정보를 팀원들의 피드백을 받아 작성한다. 아래처럼 마케터, PM, 개발자 참고용을 따로 만드는 것은 개발자와 마케터의 용어가 다르기 때문에 문서와 회의도 다르게 진행되어야 하기 때문이다.

① 개발된 프로젝트의 개발적 특징이 적힌 메모 > 개발자 참고용

② 개발된 프로젝트의 사용법이 적힌 메모 > 마케터 참고용

③ 개발된 프로젝트의 개선점이 적힌 메모 > PO, PM 참고용.

첫째는 후에 다른 개발자들이 작업할 때 참고할 수 있도록, 둘째는 마케터들이 사용자들과 소통할 때 참고할 수 있도록, 셋째는 다음 배포 때 참고하도록 PM팀이 보게 넣는 것이다.

찾은 개선점들이 보통 추가 작업으로 들어간다. 기획이 필요할 때도 있다. 굳이 개선해야 하느냐 마느냐는 PM과 PO가 우선순위를 확인해 아닌 건 쳐내고, 필요한 건 리소스를 확인한 후 개발자에게 할당해야 한다.

애자일 (Agile)적인
비즈니스 본부와의 소통법
회사 목표와 사용자에 집중한 운영 매니지먼트

스타트업이 고객의 피드백을 바탕으로 제품을 만드는 단계는 세 개념에 바탕으로 한다.

- Minimum viable product (MVP): 고객에게 전달할 수 있는 최소한 생존성 기능을 갖춘 제품

- Minimum sellable product (MSP): B2B 고객을 타게팅해 기능이 추가된 제품, 또는 그 기능

- Minimum marketable product (MSP): 고객에게 가치를 전달하는 데 집중한 제품

세 단계 모두 제품을 고객 의견에 입각해 발전시키는 과정에서 '배움의 축적'을 강조한다. 지나치게 완벽을 추구하지 말고, 단순한 MVP를 바탕으로 심플하게 시작해 제품을 팔며 데이터를 얻고 배움의 결과를 바탕으로 대응해 배운 다양한 전략을 사이클로 가동하여 단시간에 배움을 채우는 방식이다.

그래서 고객과 소통하는 마케터와의 교류는 중요하다. 우리 회사는 비즈니스 본부와 개발 본부 크게 두 부서로 나뉘어 있는데, 이 중 비즈니스 본부는 마케터들, 영업팀 (세일즈맨), 전략기획자들이 사용자와 소통하고 유저를 우리 제품으로 끌어오도록 노력하는 부서다.

본부가 서로 층과 방향성이 달라서 서로 소통을 용이하게 하는데 개인적으로 (또 상사의 부탁으로) 많은 노력을 쏟아부었다. 회사의 비전과 장기, 단기적인 목표를 아는 것은 프로젝트 매니저인 나 또한 무엇을 우선순위에 두고 개발자와 디자이너 분들과 공유해야 하는지 인사이트를 제공한다. 또 개발 본부 팀원들이 개인적인 로드맵을 짤 때도 큰 도움을 준다.

어느 회사를 가든 그 회사의 비전을 알고 그에 맞게 움직이는 것은 기본이라, 개발 본부가 마케터 본부에게 공유 받으면 좋을 몇 가지를 정의했다. 참고하길 바란다.

1. 올해 매출 목표를 공유 받기

개발 본부에서 이뤄지는 프로젝트는 너무 많다. 그래서 우선순위를 잘 선정하는 것이 중요하다. 선정하는 기준은 여러 가지가 될 수 있지만, 개발 본부의 경우는 '매출'로 잡는다.

팀 리더이자 프로덕트 오너가 우리 회사가 이번 해 각 서비스에서 얻고자 하는 큰 매출 목표를 마케터 본부에게 받아왔다. 그리고 개발 본부에서 진행되는 프로젝트 우선순위를 예상 매출 규모로 산정하려고 시도하였다. 이후 팀원들과 공유하는 것은 큰 프로젝트에 집중하도록 팀원들의 동기를 자극하는 좋은 효과가 있었다.

프로젝트 매니저인 나 또한 내가 생각하기에 중요했던 것들을 과감히 버리고 팀이 우선시하는 목록에 더 철저히 시간을 투자하게 되었던 계기였다.

또 개발자와 디자이너들에게 각 업무를 적은 이슈를 생성할 때 우선순위를 매겨준다. P1, P2, P3 등 중요도에 급을 매겨 라벨을 붙이는데, 우리가 집중해야 할 중요한 기능에 관련된 것들은 높은 급의 라벨을 매겨 정확하게 전달해낼 수 있었다.

2. 중요한 VIP 사용자들의 리스트 공유받기

우리는 고객의 피드백을 중요하게 생각한다. 마케터 본부 팀원들 중 VIP 사용자들과 직접적으로 소통하는 팀원들이 있다.

이분들과 수시로 대화하고, 기능 배포 전에도 설계된 화면을 수시로 보여주기도 하고, 개발자 정기 모임에도 일부로 참여하게 하여 우리

쪽 상황을 공유한다.

　이유는 이들이 고객이 뭘 원하는지 아는 사람들이기 때문이다. 우리의 공통된 목표는 '제품을 개발'하는 것이 아니라 고객의 피드백을 통해 고객이 원하는 걸 하나씩 주며 **'고객을 개발하고 확보'**하는 것이다. 그러려면 소수의 중요한 고객이 절실하게 원하는 것을 지속적으로 파악해야 한다. 그래서 이 비즈니스 본부과의 소통이 아주 중요하다.

　고객 리스트를 받으면 QA 팀과 개발자들이 매일 참고하기에도 유리하다. 예를 들어 특정 중요 고객의 제품에 버그가 생기면 개발자는 가장 먼저 달려들어 해결하려고 노력할 것이다. QA 팀원 또한 아침마다 고객의 제품을 검토하려고 노력해줄 수 있다.

　따라서 중요한 고객이 원하는 기능 리스트도 이분들께 받을 수 있다. 리스트는 물론 항상 길고, 더 쌓이기도 한다. 그중 개발적으로 빨리 구현이 가능한 것, 아닌 것을 구분하여 타협 지점을 찾고, 중요도를 마케터 팀원들과 같이 매겨볼 수 있다.

　중요도가 매겨지면 개발 본부에서 액션이 취해진다. 프로젝트로 로드맵에 해당 기능 개발 시작일이 올라가고, 담당 개발자와의 킥오프

미팅을 시작한다. 프로젝트 진행상황은 나에 의해 마케터 팀원들에게 중간중간 공유되고 말이다.

3. 특정 요청이 어떤 가치가 있는지 설명 요구하기

가끔 이해가 안 되는 요청사항이 올 때가 있다. 분명 이해가 안 되는데 고객이 필요로 한다는 것이다.

이럴 때는 과감하게 나를 설득시킬 수 없다면 내가 내 팀원들이 일을 하도록 설득할 수 없다는 말과 함께 추가적인 설명을 요구한다. 어차피 프로젝트를 시작할 때 '이유'와 '개요'를 문서화하는 것은 프로젝트 매니저인 나다. 따라서 내가 이 일을 해야 하는 이유를 이해해야 한다. 비즈니스 본부는 적극적으로 설명해줄 의무가 있고, 개발 본부는 이해한 즉시 행동으로 옮길 책임이 있다.

효율적인 소통 방법을 아직도 고민한다.

지금 회사에 들어와서 일하며 크게 배운 마인드셋 중 하나가, 한 전략에 안착하지 않고 뭔가 잘못됐을 때 빠르게 태도를 전환해야 한다는 것이다. 우리 회사는 MVP (Minimum viable product)의 수준을 이미 충족했기 때문에 고객의 타겟층도 확보되었고 고객에게 전부 다 맞춰줄 필요도 없어졌다.

하지만 여전히 중요한 고객의 피드백은 절실하다. 소통의 장을 활짝 열고 언제나 비즈니스 본부 팀원들의 의견을 받는다. 이들이 정기적인 미팅을 요청하는 것이 나로서는 반갑다.

계속해서 새로운 의견을 듣고, 실행하고는 과정에서 어느 누구도 실패를 두려워하지 않는 자세가 마음에 든다. 계획에 너무 많은 시간을 들이기보다는 활발한 의견 수렴과 소통으로, 타 부서와 갈등하는 것이 아니라, 유동적으로 협력하여 함께 앞으로 나아가는 아름다운 그림이 그려지는 것 같아 개인적으로 뿌듯하고 희열이 크다.

스타트업, 단기간 투입될
국내/해외 프리랜서 찾는 법

전문가는 필요한데 풀타임 채용은 부담스럽다면

우리 회사 개발본부에는 다양한 국적의 프리랜서들이 해외에서 재택으로 근무했다. UX 디자이너 - 우크라이나, 웹사이트 제작 전문가 - 싱가포르, 영어 전문 편집자 - 미국, QA 테스터 - 일본, 모바일 앱 테스터 - 인도 등. 자랑스럽게도 이들은 (거짓말 안 치고) 모두 내가 찾아낸 사람들이다.

내가 회사에 맞으면서도 퀄리티 좋은 인재를 알아보는 실력이 있다는 걸 이 분들을 고용하며 알았다. 스타트업은 인적 자원이 항상 부족한 곳이다. 수많은 프로젝트를 진행하다 보면 전문가가 당장 필요한 순간에 풀타임 채용은 부담스럽다면 '프리랜서'가 정답이다.

채용 공고를 작성해서 올리고, 신청자를 받고, 후보를 추려서 과제를 주는 과정을 몇 번 반복하다 보니 프리랜서를 뽑는 전문 분야에 따라 절차를 유동적으로 만들어내는 법도 배웠다. 훌륭한 구인 사이트도 알아냈고, 면접에서 탈락시킨 프리랜서들은 향후 필요한 순간에 다시 채용할 수 있도록 좋은 관계를 유지하도록 했다.

필요한 순간에 인적 자원을 채워 넣는 것도 PM 역량 중 하나다. 회사가 왜 해당 분야의 전문가를 고용하려고 하는 건지 확실한 이유만 파악하면 걸맞은 인재를 찾는 건 어렵지 않다. 옳은 인재를 찾는 나만의 꿀팁을 여러분께 공개한다.

Step 1: 프리랜서가 필요한 이유와 기준 찾기

단기간 프로젝트에 투입될 전문가가 필요할 때. 가장 먼저 해야 할 건 전문가가 필요한 이유를 리더와 자세히 확인하는 것이다. 정확히 어떤 프로젝트에 투입될지 모호하다면 채용 기준을 리스트로 만들어 리더에게 검토 받을 수도 있다. 확인해야 할 사항은 아래와 같을 것이다.

- 프리랜서가 우리 회사가 운영되는 시간에 일해줄 수 있는지,

- 프리랜서 고용 시 시급은 얼마를 리더가 예상하는지,

- 프리랜서가 비슷한 제품(우리 회사 경우 대시보드)에 경험이 있는지

- 프리랜서가 단기간 투입되지만 향후 필요할 때 다시 계약을 연장할 수 있는지

리더가 이 기준이면 충분하다고 하면, 조건을 충족하는 후보를 고르면 될 것이다. 추가적으로 프리랜서에게 원하는 부분이 분명 더 있겠지만 '기본적인 기준'만 가지고 있는 것으로 회사에 맞는 사람을 쉽게 골라낼 수 있다.

Step 2: 구인 사이트 찾기

이제 프리랜서를 찾을 차례다. 나의 경우 인터넷을 뒤지며 각 구인 플랫폼이 전문 분야에 따라 특징이 다르다는 걸 알았다.

첫 번째 케이스로, 영어 문법 검토 프리랜서를 찾을 때는 1) 미국 영어를 구사하며 2) 마케팅 쪽을 공부한 경험이 있는 사람을 찾아야 했다 (타깃 유저들이 미국인들이기 때문에). 일반 에이전시를 통하기에는 수수료가 비쌌고 우리는 단순히 우리가 쓴 제품 가이드를 문법 오류가 있는지 빠르게 검토해 줄 사람 한 명만 원했다.

결국 중요한 건 프리랜서의 경력을 빠르게 검토하고 지원할 수 있는 곳이 필요했다. 그래서 구글을 뒤지다가 찾아낸 사이트가 Ediket(http://ediket.com)이다.

빠르게는 몇 시간, 원한다면 단 5분 만에 짧은 글의 문법을 바로 첨삭 받아 볼 수 있다. 내가 당시 찾아냈을 때 이제 막 배포가 시작된 사이트여서 버그가 많았다. 이 사이트 또한 스타트업인 걸 감안해 직접 사이트 운영자에게 전화를 걸어(이 분도 투잡러였다) 버그 해결을 요청 드리고 결제해 프리랜서 연락번호를 받았다. 그만큼 우린 문법 검토 프리랜서가 절실했다.

덕분에 회사의 법적 영문 문서를 검토해줄 법을 전공한 원어민도 찾았고, 유저 제품 가이드 문서를 검토할 마케팅 전공한 원어민도 찾았다.

두 번째 케이스는 QA 엔지니어, 테스터, UX/UI 디자이너 등 프리랜서를 찾을 때다. 국내에는 '크몽' 등의 사이트가 있지만 우린 해외 대시보드 제품 경험이 있는 사람을 원했다. 그 요구사항을 리더와 확인하자마자, 나는 해외 프리랜서를 찾는 게 더 정확하다 판단했고, 이미 회사가 서비스를 몇 번 이용한 Upwork(https://www.upwork.com)에서 찾았다. 이 사이트에서 훌륭한 프리랜서를 많이 찾아 보기를 추천한다.

Step 3: 채용공고 올리고 지원자 받기

채용공고를 올릴 땐 Step 1에서 리더와 확인한 기준을 구체적으로 쓰는 것이 중요하다. 우리 회사는 이러한 기준으로 인재를 채용한다는 걸 명확히 공고에 기재해야 한다.

· 프리랜서가 우리 회사에게 필요한 시간에 일해줄 수 있는지

- 프리랜서 고용 시 시급은 얼마를 리더가 예상하는지

- 프리랜서가 비슷한 제품(우리 회사 경우 대시보드)에 경험이 있는지

- 프리랜서가 단기간 투입되지만 향후 필요할 때 다시 계약을 연장할 수 있는지

이렇게 기준을 명확히 해야 지원자들에게 번복하여 설명해야 하는 것들이 줄여진다. 지원자를 받으면 플랫폼에 리스트가 쌓이는데, 이때 꼼꼼히 살펴보며 세 명에서 네 명 정도를 추려 리더들에게 전달하는 것을 추천한다. 채용 중간과정을 보고하면서 리더들에게 피드백을 받을 수 있는 좋은 타이밍이다.

Step 4: 면접보다는 제안서 받기

시간도 없는데 면접을 보기에는 무리라는 판단이 들어서, 프리랜서 후보 몇 명에게 권한을 주고 원격으로 우리 대시보드 제품을 살펴보게 하였다. 그들 계정으로 초대하고 마감일을 정해 PPT 슬라이드에 간단하게 우리 제품의 UX 개선점이나 찾은 버그 등을 해당 프리랜서들에게 찾아 정리해달라고 부탁했다.

좋다고 생각되는 제안서는 걸러 리더에게 보여주는 걸 추천한다. 리더도 어떤 후보가 지원했는지 보고 싶을 것이다. 이후 리더나 관련 단기간 프로젝트를 담당할 실무자들의 눈을 사로잡는 아이디어 제안서가 있다면, 해당 제안서를 제출한 프리랜서를 고용하는 것이 옳은 결정이다.

제품의 의도를 빠르게 이해했는지, 개선점을 포착할 수 있는 눈이 있는지 알아볼 수 있는 가장 효율적인 방법이었다. 면접 대신 이런 방법도 있다.

Step 5: 지원자 뽑고, 탈락자 관리하기

가장 중요한 절차다. 지원자를 한 명 뽑았다면 나머지 탈락자들에게는 불합격 통보를 해야 한다.

나는 일부로 이메일로 불합격 통보 메일을 보내지 않았다. 오히려 이들에게 너무나 훌륭했지만 당장 우리가 착수해야 하는 프로젝트에 가장 필요한 사람을 뽑아야 했던 점을 설명하며 앞으로 같이 일할 기회가 반드시 있었으면 좋겠다는 메시지를 채용 사이트 플랫폼을 통해 보냈다. 그래야 나중에 급한 경우 이들에게 연락을 취할 수 있다.

"

또 리더의 제안으로 지원서를 제출해준 프리랜서들에게 각 $50달러씩 보상했다. 마땅한 보상을 통해 실력 좋은 후보들과 좋은 관계를 유지하다가 필요한 순간에 다시 연락을 취할 수 있고, 회사에 대한 긍정적인 시선을 지키자는 취지다.

탈락자를 관리하는 건 중요하다. 이들이 우리 회사에 지원하였다는 경험이 좋은 추억으로 남아야 한다. 회사를 평가하는 목소리 중 하나가 될 수 있기 때문에, 후처리를 잘하고 채용을 마무리했다면 훌륭하게 모든 절차를 마친 것이다.

Resource Management, 효과적인 관리법

당당하게 "나 리소스 관리 잘해"라고
말할 수 있는 5가지 방법

리소스 관리 (Resource management): 프로젝트 또는 프로그램에 인력, 비용 및 기술 등 모든 자원을 계획, 스케줄링 등에 할당하는 작업이다. 본 질적으로 가장 큰 조직적 가치를 달성하기 위해 자원을 할당하는 과정이며, 적절한 자원 관리를 통해 적절한 시간에, 적절한 자원을, 적절한 작업에 사용할 수 있도록 프로세스를 최적화하는 스킬을 일컫는다.

PMI (국제 프로젝트 관리연구소) 비영리단체는 PM이 '적어도 이 정도는 해야 한다'는 영역을 10가지(통합, 범위, 일정, 품질, 리소스, 의사소통 등)로 나눴다. (project-management-prepcast.com)

회사마다 "리소스(자원)"의 정의가 다르기 때문에 "여기 리소스 매니저가 누구예요?" "PM팀은 리소스 관리 어떻게 해요?" 등 질문을 받으면 답변이 다 다를 것이다.

오늘 프로덕트 오너이자 팀장 직급의 동료분께 내가 하고 있는 리소스 매니징을 리스트업 하여 피드백을 요청했었다. 그동안 하고 있는 방법에 놓친 건 없는지 논의하고, 동시에 더 효율적인 방법은 없을까 고민하는 자리였다.

리소스 매니징을 하는 이유는 팀원들의 업무량을 조절하기 위함이 크다. 적절히 업무를 할당해줘야 지속 가능한 속도로 일하도록 도울 수 있다. 조절하는 과정에서 팀이 어떻게 목표를 달성할지도 전반적으로 파악할 수 있다.

Asana는 리소스 관리의 범위를 아래와 같은 질문으로 정의한다.

- 각 리소스(문서/사이트 등)의 위치, 담당자를 파악하고 있는가?

- 각 프로젝트 활동의 일정(시작일, 배포일, 마감일 등)은 잘 짜여 있는가?

- 각 활동을 완료하기 위해 얼마나 많은 리소스가 필요한가?

- 해당 활동을 효과적으로 수행하는 데 가장 적합한 사람은 누구인가?

기본이지만 효과적인 리소스 관리법

팀원들이 필요한 정보가 있을 때 내게 물어봐서 눈을 불살라 여기저기 찾아주는 게 습관이 되다 보니 팀 내에 리소스(문서, 레퍼런스 사이트 등)가 어디에 흩어져 있는지 거의 알고 있다. 팀원들이 적절히 필요한 타이밍에 필요한 문서를 볼 수 있도록 도와주는 것도 PM으로서 내 역할이라 생각한다.

1) 정보 데이터 중앙 집합화

개발자, 디자이너들에게 해야 할 업무 내용을 적은 "이슈 (업무 내용이 적힌 카드)"를 발행했다고 치자. 한 프로젝트 안에는 세 부화된 수많은 이슈들이 존재한다. 예를 들어 구조가 아래와 같다.

>> 프로젝트 이름: 대시보드에 "다운로드" 버튼 넣기

이슈 1: 디자인 – "다운로드" 버튼 사이즈 규격화 > 피그마에 업로드

이슈 2: 디자인 – "다운로드" 버튼 컬러 지정 > 피그마에 업로드

이슈 3: 백엔드 – "다운로드" 버튼 클릭 시 PDF가 다운로드되도록 작업

이슈 4: 프런트 – "다운로드" 버튼 클릭 시 확인 모달이 나오도록 작업

우리 회사는 깃랩(Gitlab) 관리툴을 이용해 이슈를 발행하고 저장한다. 개발자가 기능을 배포하면 관련 이슈를 닫는다. 하지만 업무용 메신저는 슬랙(Slack)을 사용하기 때문에, 깃랩에 올린 이슈에 관련한 대화를 슬랙에서 자주 한다.

이런 경우 슬랙에서 대화를 목격하면 대화 내용 링크를 따서 복사해 깃랩 이슈 내 코멘트로 붙여 넣는다. 관련 이슈에서 Bug가 발견되었거나, 고쳐졌다는 대화 또한 슬랙에서 이뤄져도 마찬가지다. 이는 이슈의 진행 상태가 트래킹(추적)되고 있다는 증거를 남기는 동시에,

이슈를 모니터링하는 모든 이해관계자가 화면을 스크롤하며 히스토리를 읽어낼 수 있도록 돕기 위함이다.

이슈를 닫을 때도 왜 닫는지를 반드시 코멘트로 간단히 작성해 남긴다. "해결되었다", "이슈가 더 이상 유효하지 않다" 등 여러 이유가 있을 수 있다.

즉 정보로 취급되는 모든 것을 데이터로 인식하고 관련 이슈에 집합시키는 것이다.

2) 개발 문서, 기본 디자인 리소스 등 위치 파악

제품 가이드, 우리 회사 사람들이 쓰는 용어를 모은 폴더, 템플릿 모음집, 디자인 리소스 등 회사 내 사람들이 자주 찾는 문서들을 잘 정리하고, 필요할 때 꺼내 준다. 다 모른다면 위치를 아는 관계자라도 파악한다.

처음 회사에 입사한 사람들에게 필요한 정보가 DM으로 가게끔 슬랙 내에 "입사 안내 가이드"를 채널 목적에 따라 저장시키는 작업도 했었다. 그래서 굳이 PM팀이 말해주지 않아도 신입 입사자들이 DM 으로 어떤 문서를 읽어야 하고, 어떤 교육을 누구에게 부탁해야 하는 지 자동 메시지를 받을 수 있게끔 말이다.

출처: 슬랙 가이드

리소스를 적절한 타이밍에 주고 또 어디에 위치해 있는지 아는 게 중요하다. 그래야 다수가 헤매는 상황에서는 모두에게 하나의 참고 문서를 줌으로써 지나친 혼란을 통제할 수 있다.

3) 이해관계자 (Stakeholders) 파악

■ 우리 대시보드 제품의 필터링 부분에서 달력 기능, 어떤 개발자가 개발한 걸까?

■ 우리 대시보드 제품의 "다운로드" 버튼 기능 오작동, 누구에게 보고하지?

■ 우리 대시보드 제품의, 그래프 세팅 기능, 공부하고 싶은데 관련 문서가 있나?

■ 우리 대시보드 제품의, 필터링 기능을 백엔드 쪽에서 개발했는데, 날 도와줄 프런트 쪽 개발자가 누구일까?

... 등의 질문을 받을 때가 있다. 슬랙 대화들을 잘 읽어, 정리하고, 표로 만들어 기억하는데 시간을 좀 더 투자하면 쉽게 이해관계자를 찾을 수 있다. 아니면 슬랙 검색창에 키워드로 검색해 대화를 주로 나눴던 이들을 찾거나, 관리 툴에 올라가 있는 과거 관련 이슈들을 찾아내 히스토리를 트래킹 하는 방법도 있다.

프로젝트 일정을 챙기다 보면 어떤 개발자가 곧 일을 끝내고 무슨 리소스를 찾을지 보인다. 업무 다음에 필요한 문서나, 도와줄 프런트 혹은 백엔드 팀원을 할당해달라고 요청하기도 한다. 몇 분 안에 빠르게 결정해드리려면 미리 예측하고, 특히 마감일이 닥친 프로젝트라면 더 챙겨야 한다.

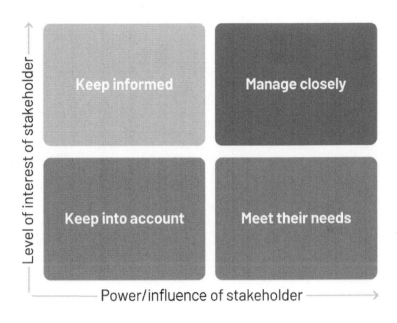

이해관계자들을 분류할 때 쓰는 표. 활용해보기 바란다

또 프로젝트 진행상황을 알아야 하는 사람들을 파악해 적절한 타이밍에 업데이트해주는 것도 중요하다. 예를 들어 특정 기능 배포를 기다리고 있는 마케터들이 있다면, 그들이 기다리는 이유는 아마 사용자들에게 업데이트해야 하기 때문일 것이다. 고객과 잘 소통하시라고, 프로젝트 변동 사항이 있을 때마다 혹은 배포 후 버그가 발견되었다면, 마케터들에게 공유해준다.

4) 툴 위에서의 시각화

개발팀 내에서 쓰는 툴(Gitlab, Jira 등 당신의 회사에서 쓰는 관리 툴)에서 프로덕트 로드맵을 만드는 것이 가능할 것이다. 기능을 찾아보고 활용할 수 있는 방법을 깊게 고민해보기를 추천한다. 나 또한 프로덕트 로드맵에 진행되는 프로젝트들을 다 모아 마감일을 수시 업데이트한다. 각 프로젝트를 클릭하면 누가 담당자고, 진행은 어디까지 되었는지, 어떤 목적인지 등 필요한 정보가 한눈에 보이도록 했다. 로드맵은 외부/내부 공유용으로 아무나 들어와 우리 팀이 하는 일을 보도록 하기 위함이다.

또 팀원들이 하는 일을 수시로 "이슈"로 깃랩에 올려 놓으로서 그들의 업무량을 체크하기도 한다. 다른 이슈를 드려도 될지 고민될 때 바로 가서 볼 수 있는 유용한 작업이다.

프로젝트를 측정하는 다양한 기능이 어느 툴에나 있다. **툴을 공부하면 팀의 효율성을 수학적으로 계산할 수 있는 등 더 많은 정보 데이터를 뽑아낼 수 있다.** 규모가 크다면 지라(Jira), 처음 툴에 입성하는 주니어 PM이라면 아사나(Asana)를 추천한다. 깃랩도 훌륭하지만, 마크다운 형식도 배워야 하고, 코드를 알아야 구현할 수 있는 기능이 코드로 되어 있어 어려울 수 있다 (지극히 주관적인 견해이니 참고만 부탁한다). 개발자 팀원들과 상의하여 툴의 기능을 파악하는 것도 좋은 방법이다.

5) 우선순위 조정

프로젝트나 이슈의 우선순위 조정은 PM 팀 전체에서, 나와 팀장이 같이 확인해야 한다. CTO도 개입할 수 있다. 우리 쪽에서 더 중요한 것들을 선택하고, 개발적으로 뭐가 가능할지 조정하고, 비즈니스 목표와 프로젝트가 부합하는지 확인해야 한다. 이후 팀원들에게 일을 할당해 줄 때 어떻게 큰 그림을 그려 프로젝트의 중요도를 전달할까 고민하기도 해야 하고 말이다.

우선순위는 수시로 바뀌지만 전체적인 흐름은 깨지 말아야 하니 중요한 프로젝트들은 그대로 두고 변동이 없도록 한다. 개발이 쉬운 이슈는 덜 급한 프로젝트들이니 따로 뺀다. 개발자 분들이 병행할 수 있는 수준으로 판단되니 그 레벨에서의 우선순위 조정은 개발자 분들이 정하시도록 한다.

우선순위가 조정돼야 어떤 리소스가 더 중요한지, 혹은 새로 만들어져야 할지 파악 가능하다. 이 5번이 되지 않으면 위의 1), 2), 3), 4)번은 부수적으로 작용할 수밖에 없다. 팀의 전체적인 우선순위(큰 그림)는 반드시 상사, 혹은 높은 직급의 팀원들, 이해관계자들과 같이 확인해야 한다.

피드백, 빠른 성장에 과연 도움이 될까?

알아야 덜 다치는 직장생활 팩트 5가지

최근에 회사가 투자를 받으며 팀 규모가 두 배로 커졌다. 동시에 개발본부 내에서 부서 분할과 조직도 개편도 있었다. 빠르게 개편되는 모든 프로젝트 절차와 매니징 프로세스에 익숙해지면서 몰려오는 과제들을 쳐내느라 정신없는 나날을 보내고 있다.

회사가 급속도로 성장하는 건 바깥에서 보기에 멋진 일이지만 내부적으로는 많은 작업을 해야 함을 의미한다. 동시에 그동안의 내 업무 방식, 생존해왔던 방법을 전면 수정해야 하는 때가 왔음을 느낀다. 같은 팀원들이지만 리더십 부서도 바뀌었음에 따라 팀에게 필요한 문화, 우선순위들이 다 뒤바뀌었다.

많은 소통이 필요하고 업무 스타일 재조율도 필요하다. 동시에 팀원들의 니즈를 객관적인 시선에서 다시 파악해야 하는 작업도 해야 한다. 여기저기서 피드백과 의견들이 폭포수처럼 쏟아 진다.

나는 팀장이 절대 아니다. 애자일 코치 역할이 강한 프로젝트 관리자이며, 기획된 프로젝트들이 개발자, 디자이너들에게 전달될 때 이슈를 관리하고 모니터링하며 마감일, 리소스를 챙기는 역할을 주로 한다.

잘 해내야 한다는 압박감이 확실히 있다. 열리지 않는 마음을 억지로라도 열어젖히고 그동안의 방식에서 벗어나 팀원들, 또 타 부서 사람들과 소통하고 의견을 듣는다. 그동안 매니징의 방식이 팀이 커짐에 따라 어떻게 개선돼야 하는지 논의하고 괜찮은 건 바로 반영해본다.

이때 스스로 기준을 잡기 위해 어제 나 자신을 위한 피드백을 몇 가지 적어봤다. 혼자만 가지고 있기에는 나누면 더 좋을 목록일 것 같아 브런치에도 공유한다.

1. 모든 피드백이 옳지 않다.

그동안 모든 피드백을 긍정적으로 받았다. 불평에 가까운 피드백도 무조건 내가 개선할 부분이라 생각하고 받았다. 사회초년생은 모든 피드백이 귀중하니 여러 목소리에 좋은 자세로 경청하는 것이 당연히 옳다.

하지만 어떤 이의 피드백은 지극히 주관적이거나, 질투심에서 나왔거나, 아주 편향적일 수 있다. 또는 개인적인 불평일 수도 있다. 회사에서 그 사람의 평판이나 실력이 좋은 건 상관없다. 그래도 그의 피드백은 틀릴 수 있다. 그 사람의 기준이 내 직무와 맞지 않을 수 있다.

특히 내 실력과 성격을 구분하지 않고 동료 입에서 발설되는 피드백은 독이다. "은빈 씨는 성격이 꼼꼼한 거 같지 않아서 PM을 해도 되는지 사실 잘 모르겠어요." "매력 넘치고 밝은 성격인데 개발자 동료분들이 거의 남성이니 팀에서 잘 지낼 수밖에 없죠." 등. 회사 제품에 아직 익숙하지 않아 꼼꼼히 보지 못한 것이고, 밝은 성격에다가 '여자'라서 사람들과 잘 지내는 게 아니다 (난 남녀노소 연령대 상관없이 다 잘 지낸다). 나는 실력을 위해 성격을 바꿀 수 있다고 믿는다. 실력을 위해 사람은 언제든지 변할 수 있다. 실력을 위해 내가 아닌 사람으로 변신하는 것도 실력이다. 그러니 성격을 거론하며 실력에 제한이 있을 것이라는 발언은 무시하자.

내가 나를 위해 세운 좋은 피드백의 기준은 '철저한 업무 중심'의 피드백이다. 내 나이를 떠나, 성격을 떠나, 해당 제품의 프로젝트를 이끌어내는 내 실력만을 언급했을 때. 내가 취한 결정이 혹은 특정한 태도가 팀원들에게 부정적인 영향을 미쳤을 때. 그때 주는 피드백은 설상 타박이 있더라도 받을 수 있다.

2. 모두가 내 업무 스타일과 우선순위를 좋아할 수 없다

누구는 구두 소통을 선호하고, 누구는 슬랙 상 대화를 선호한다. 누구는 와이어프레임을 사용하는 걸 선호하고, 누구는 간단한 스토리보드가 있는 기획 문서만 있으면 충분하다고 한다.

사람들의 의견이 모두 다른데 시간은 없고 내가 결정을 해야 할 때가 있다. 아무도 이야기하지 않지만 모든 책임을 내가 져야 한다는 부담감은 내 결정을 팀원들이 어떻게 평가할지에 대한 두려움에서 온다.

시선이 두려워서 더 잘 해내려고 노력하다 보니 스트레스를 받게 되더라. 이미 내린 결정은 돌이킬 수 없고, 개선할 점이 생긴다면 다음에 더 잘 해내면 되는 것인데. 큰 실수가 아니라면 실수해도 괜찮은데 말이다. 너무 완벽하게 하려다 오히려 지치지 않도록 "뭐 어때" 하는 당당한 마음가짐이 나같이 타인의 평가에 예민한 사람들에겐 조금이라도 필요하다.

3. 상사와 팀이 중요하게 생각하는 우선순위가 다를 수 있다.

Case 1: 특정 팀원은 중요하게 생각하는데 상사의 생각

은 다른 경우

특정 프로젝트를 담당하고 있는 개발자가 해당 프로젝트의 중요성을 나에게 침 튀기며 강조한 적이 있었다. 전체 프로젝트들 중 우선순위에 놓도록 나를 설득했고, 설득 당한 나는 대형 프로젝트로 진행하려고 고려 중이었다.

후에 CEO에게 공유하니 전혀 다른 의견이 나왔다. 이 프로젝트의 난이도가 쉽고 내부적인 팀 편의성과 관련한 기능이기 때문에, 사용자들에게 UI상 보이는 게 없어 중요도를 잘 모르겠다고 말씀하시는 것이다.

CEO와 팀원의 의견이 다를 때 참 난감하다. 이런 경우는 현실적으로 CEO 혹은 동일한 급의 상사 의견을 일단은 수용하는 게 유리하긴 하다. 특정 팀원의 의견을 리더와 공유하되 액션을 취하지만 않는 것이다. 이렇게 중간에 결정을 내리기가 애매한 프로젝트가 생긴다면, 일단 더 급한 다른 프로젝트들에 집중하다 보면 진행하는 중에 덩달아 결정 내릴 수 있는 타이밍이 온다.

쌓인 프로젝트들은 중요도가 상황의 흐름에 따라 정해진다. 그러니 닥친 것들을 우선 끝내다 보면 다음 것이 보일 것이니, 너무 걱정할 필요도 없다.

Case 2: 다수 팀원이 중요하게 생각하는데 상사의 생각은 다른 경우

가장 힘든 경우라고 손꼽겠다. 다수 팀원들에게서 동일한 피드백을 받을 때 "아, 이게 우리 팀에 필요하겠다"라 생각되는 부분을 리스트업 하여 CTO에게 보드에 적어가며 발표한 적이 있다.

내가 설득을 잘 못했다고 생각하지 않는다. 하지만 CTO 입장에서는 지금 회사 전체가 주목하고 있는 금전적인 목표를 달성하는데 그리 중요한 문제가 아니라고 판단한 듯 보였다.

결국 우선순위는 회사가 정하는 게 맞기에 당장 실행할 수 있는 목록은 아니었다는 걸 확인하고 그중 몇 가지만 시간 될 때 사이드 프로젝트로 진행해보기로 했다. 결과가 좋아도 회사 입장에서 중요한 게 아니라면 딱히 주목받지 못하니까 말이다.

66

결과에 대한 반응이 별로인 프로젝트가 있다면, 그와 관련된 다른 것들도 과감하게 우선순위를 낮춰야 한다. 매몰비용 (투자비용)이 아까워서 여기까지 온 이상 끝까지 밀고 가야 한다는 "사나이가 칼이라도 뽑았으면 무라도 썰어야지" 태도는 회사 바깥에서만 긍정적으로 작용한다. 적어도 빠르게 돌아가는 회사에서는 나와 회사 양측에 이득을 주지 않는다면 칼 넣어야 한다.

반드시 필요할 것 같아 나는 진행할 준비가 되었는데 회사 입장에서 중요하지 않다 할 때만큼 답답한 순간이 없다. 이럴 때 베스트는 이런 것들을 평소 기록만 하다가, 실행할 수 있는 적절한 타이밍이 올 때 과감히 꺼내 진행하는 게 맞는 것 같다 (타이밍은 반드시 오더라)

4. 내키지 않더라도 팀이 필요로 하는 걸 공부해 보기

팀원들의 신뢰를 얻는 게 상사의 신뢰를 받는 것만큼 중요하다. 나는 팀을 이끄는 부서에서 '프로젝트 관리자'로 독립적인 직무를 맡고 있다. 팀원들의 프로젝트를 관리해드리는 과정에서 그분들에게 필요한 정보를 얻고 잘 소통하려면 나를 '신뢰'하게 만들어야 하는 것을 알았다. 그리고 신뢰를 얻는 과정은 언제나 오래 걸린다.

그동안 팀장이자 상사였던 사수의 신뢰를 얻기 위해 사수를 돕기 위한 업무에 집중하고, 사수에게만 피드백을 들었다면 이제는 팀원들과 자주 대화하려고 노력한다.

사수의 우산에서 벗어나 크고 작은 결정들을 매일 할 때 가끔 손가락이 떨린다. 누군가는 이 결정을 좋아하지 않을 것을 알고, 내가 그걸 다 이해할 수 없다는 것 또한 알기에.

팀원들의 의견은 모두 천차만별로 다르고 다 반영될 수는 없지만, 그래도 그들의 의견이 존중을 받고 있다는 분위기를 만들고 싶은 욕심이 있다. 그런 분위기를 지향하는 PM팀을 꾸리고 싶다. 그래서 다수의 팀원들의 니즈와 내가 팀에게 바라는 니즈 사이 공통분모를 찾는 과정에 있다.

5. 다 잘하라고 요구하는 사회의 소리 무시하고, 내 강점에 집중하기

사회가 나에게 요구하는 모든 역량과 기술들을 모두 하나씩 정복하면 될 줄 알았는데 공부하면 할수록 더 해달라고, 더 내놓으라고, 더 공부하라고 하더라. 이것저것 다 잘하라고 한다.

달리다가 지칠까 봐 두렵다. 이것저것 다 잘하는 건 깨끗하게 포기 했다. 현실적으로 불가능하고 비효율적이다. 결국 이것저것 잘한다 고 사회가, 내가 속한 직장이라는 이익집단이 과연 내게 만족할까? 절대 아닐 거다.

그래서 시간도 아끼고 가성비를 올릴 겸 내 강점을 발견해 그것만 파는 것도 정답이 될 수 있는 것 같다. 내 강점이 굳이 실무적 기술이 될 필요는 없다. 엑셀 파일, 데이터 분석 등의 스킬이 아니라 아래도 포함된다.

- 사람들과 약속을 잘 지키는 것 (프로젝트 마감일을 잘 지키는 것)
- 일을 빠르게 처리하는 것
- 문서 하나는 꼼꼼하게 읽고 오타 잘 잡아내는 것
- 검색 키워드로 필요한 사이트 잘 찾아내는 것

어제 유튜버 드로우 앤드류 님의 인터뷰를 봤는데 같은 말을 하셨 다. **회사에서 나의 브랜딩은 하나의 강점을 가지고 나를 내세울 때**

먹히는데, 사람들은 그 강점이 필요할 때마다 나만 생각하기 때문이라고 설명하더라.

나에게는 개인적으로 '내려놓음'이 필요하다. 내가 저거 할 수 있을 것 같은데, 하는 생각에 달려가지 말고, 내 업무량을 조절하며 내가 잘하는 부분에서 역량을 더 키우고자 시간을 투자하는 자세가 필요하다.

제발 그냥 못하겠다고 말해주세요

힘들죠? 최선책은 못하겠으니
도와 달라는 솔직함 이랍니다

일 혼자 못하겠으니 도와 달라고 훌륭하게 부탁하는 꿀팁을 공유해보려 한다.

" 물어보지 않는 행위가 다 안다는 교만으로 비칠 수도 있다

내게 주어진 일을 끝내야 한다는 책임감을 가지는 건 좋은 자세다. 하지만 주어진 일을 내가 해결할 능력이 없는 걸 알면서도 혼자 가지고 끙끙대는 건 정말 큰 문제다.

'팀'의 '팀원'들은 나의 그런 문제들을 돕기 위해 존재한다. 내가 도움을 받으면 나중에 내가 도움을 줄 수 있는 기회가 생기고, 그렇게 서로의 부족한 점을 상쇄하며 어떻게도 일을 해결하는 그런 관계가 아닌가.

사회초년생 혹은 경력자이든, 많은 직장인들이 참 자주 혼자 해결해야 한다는 생각을 하는 것 같다. 모르겠다고 이야기하는 것이 자존심이 상하는 것인지도 모르겠다. 특히 한국인은 모두 스스로 해결하려는 경향이 강한 것 같다.

수습기간이 지나고 1년이 넘었지만 나는 회사에서 아직도 팀원들에게 많은 질문을 한다. 새로운 기능을 기획할 때, 누군가의 의견을 다시 확인하고 전달할 때, 필요한 질문을 하는 것은 기본 중의 기본이다. 물론 같은 질문을 반복하는 건 안 된다.

그리고 못하겠으면 못하겠다고 말한다. 도움을 요청한다. 이건 나 스스로를 깎아내리는 행위가 아니라, 내가 스스로 하기에는 벅차다는 것을 솔직히 밝히는 것이다. 이걸 연습하는데 참 많은 시간이 걸렸다. 아무도 그것 혼자 못하냐고 이야기하지 않는다. 내 리드 아래 어떤 부분의 도움이 필요한지 정확히 알려드리면 적극적으로 알려주실 수밖에 없다. 사실 팀원들이 내가 도움을 요청하기를 기다리고 있었을 수도 있다.

"
당신의 주제를 알라

회사에 몇 달 정도 있으면 어느 정도 내 포지션이 잡힌다. 내가 하는 일의 우선순위가 잡히고 뭘 덜 중요시 여겨야 할지도 보인다.

하지만 갑자기 예상치 못한 일이 내게 주어질 수도 있다. 최근에 회사가 스타트업에서 중소기업 수준으로 팀의 규모가 커졌고, 상급 리더 중한 분이 이직을 하셨었다. 그래서 내게 매일 새로운 일들이 주어져 처음에는 재밌게 임하다가, 양이 점점 많아져 당황스러울 정도였다. 이런 케이스가 많은 회사에서 흔히 일어나는 일들일 거다.

내 메인 업무가 무엇이고, 내가 무엇을 잘하는지, 회사 제품의 어느 부분을 잘 알고 있는지, 팀원들이 어떨 때 나를 필요로 하는지 등을 평소에 잘 분석해 놓으면 좋다. 하루 일과를 정리하며 내가 대부분 한 일들 목록을 만들고 여기서 무엇을 더 강점으로 만들어 놓을지 생각해보는 것을 추천한다.

——— 🔖 ———

아래는 '퍼블리' 앱 글에서 아이디어를 얻어 전 상사와 같이 작성해보던 리스트이다. 리스트를 쭉 적어보고 전체 목록 기준으로 퍼센티지를 따진 뒤 어디에 얼마나 기여를 하고 있는지 객관적으로 평가하는 데 많은 도움이 되었다. 퍼센티지를 계산하면 그래프로도 시각화해서 볼 수 있다.

1. Owning: 가장 우선순위로 해야 하는 것

2. Learning: 가장 우선순위로 해야 하지만 아직 배우고 있는 것

3. Teaching: 가장 중요하지 않는데 잘하는 것

4 Delegating: 가장 중요하지 않아서 타 부서에 넘기는 중인 것

Owning이 가장 큰 부분을 차지하고 있다면 현재 우선순위에 잘 집중하고 있는 것이다. 내가 잘 분류했는지 모르겠다면 사수나 동료들에게 보여주고 피드백을 얻어보자. 팀이 내가 무엇에 더 집중하길 원하는지 파악하고, 내가 더 키우고 싶은 강점을 알면, 둘을 접목시켜 타협할 부분을 찾을 수 있을 것이다.

2번 Learning이 바로 배우고 있으니 상사에게 넘겨도 될 부분, 4번 Delegating이 내가 잘하지만 덜 중요하기 때문에 다른 팀원들에게 넘기기 위해 가르쳐주고 있는 부분이다.

실제 회사에서 아래와 같은 말을 자주 한다.

- "I don't think this is my responsibility to decide. I'm elevating to my boss"

  - 저에게 결정할 권한이 없는 것 같습니다. 제 상사에게 결정을 올리겠습니다

- "I can do this, but this is out of my main job scope.

I'm delegating this work to the intern. Give me one
week to train him."

-할 수 있지만 내 업무 범위에 벗어나는 일입니다. 1주
일 시간을 주면 인턴에게 가르쳐주어 향후 이 업무를
맡도록 하겠어요.

■ "There's nothing I can do. Let me share this with
my team members who are related."

-제가 할 수 있는 게 아무것도 없어요. 관련된 팀원들에
게 이걸 공유할게요.

어려운 건 상사에게, 쉬운 건 다른 분들에게. 그리고 난 내 업무에
집중하면 된다. 사실 나 또한 매일 내가 우선순위를 잘 세워 메인 업
무에 집중하고 있는지 혼란스러울 때가 잦다. 하지만 이러한 작은 노
력이 분명 조금이라도 기여할 수 있음을 믿는다.

66

힘들고 헷갈려서 붙잡으려고 하는 당신, 그만큼 성장하고
있다는 것을 알라

청소년들을 위한 책 중 **"너는 고민하는 만큼 단단해 질 것이다"**라는 제목의 책이 있다. 사회를 나와 내가 어떤 길로 가야 하는지, 내 정체성과 가치관은 무엇인지, 인간관계에서 어떻게 대처해야 할지 등을 고민하면 고민할수록 개인은 단단하게 발전한다는 내용이었다.

맞는 말이다. 생각은 훈련이라 하면 할수록 생각하는 수준이 발전하고, 깊어지며, 삶을 바라보는 시선도 넓어지는 것 같다. 고민할수록 더 나은 결론에 이르고, 그 고통스러운 과정 끝에는 언제나 확실한 "결과물"이 있다.

직무 정체성으로 혼란스러울 때, 우선순위를 못 세워 막막할 때, 못 하겠는데 해야 한다는 과중한 책임감이 넘쳐흐를 때 고민이 된다면. 그 고민을 한 만큼 성장하는 것임을 우리 모두 기억했으면 좋겠다.

다만 똑똑하게 고민하자. 내 고민을 적절하게 알맞은 선에서 공유하는 방법을 알아야 한다. "도와 달라"는 말은 절대 부끄러운 것이 아니다. 당당하게 요청하고, 적극적으로 피드백을 얻을 때 일이 잘 해결됨을 배웠다.

모두 재밌게, 마음 고생 없이 일에 임했으면 좋겠다. 물론 이러한 조언을 하는 대상에는 나 자신도 포함된다.

직장 번아웃, 힘들 땐 이렇게 시도해 보시겠어요?

사회초년생이라 더 버겁고 지치는 것들에 대하여

그런 날들이 있다. 일을 사랑하고 진심으로 즐기고 있지만, 늘어나는 업무량과 인간관계에서의 스트레스로 꾸역꾸역 하루를 버티다 집에 와서 나도 모르게 눈물을 쏟는 날들.

나는 스트레스에 잘 대처하는 사람이 아니다. 안 그래도 생각으로 가득 찬 내 머릿속에 고민이 더해지면 끊임없이 해결책을 찾아야 한다는 강박에 사로잡혀 그것만 생각한다. 우선 자거나 먹으면서 생각하면 좋을 텐데 해결책이 생각 안 나면 아무것도 못 한다.

찾아온 번아웃을 인정하기까지 시간이 걸렸다. 난 아직 더 움직일 에너지가 있다는 걸 증명하려고 스스로 밤을 새우며 책도 읽었다. 자격증을 땄던가, 직장에서 성과를 내면 기쁘고 더 에너지가 나야 하는데 오히려 최근은 침체되는 기분이었다.

어쩌면 어느 직장을 가든 내 커리어를 쌓는 과정에서 매일 겪어야 할 일들 일지도 모른다. 근데 그걸 인정하지 않고 있어서 더 괴로운 걸지도 모르겠다.

허탈할 때도 있다. 첫 직장에서 고군분투하며 쌓은 그 많은 경험들, 그걸 통해 갈고 닦은 실력이 과연 우리 팀에게 도움이 될까, 내 커리어에 좋은 영향을 줄까 괜한 고민을 한다. 내가 중요하다 생각했던 부분과 리더의 우선순위가 다름을 알았을 때 그런 생각이 들기도 하고 말이다.

결정적으로 번아웃을 인정하게 된 건 첫째, 긍정적이었던 내가 부정적인 생각을 자꾸 한다는 걸 깨달았을 때였다. 점점 '내가 아닌 것처럼 변해간다'. 둘째, 이유 없이 눈물이 자주 흐른다. 감정적인 상태에 있는 것을 경계하고 절대 울지 않던 내가 약해진다. 내가 변해가는 모습이 마음에 안 든다. 벗어나야 한다.

나만의 고민이 아닐 것이라 믿고. 지난 1년 동안 행복했던 직장 생활 내내, 가끔 불쑥 찾아와 나를 심하게 괴롭혔던 스트레스 원인과 해결방법 세 가지를 가져와봤다. 번아웃을 완벽히 이겨낸 건 아니나 도움이 되고 있는 방법을 조금이라도 공유하고 싶다.

번아웃 자가진단

최근 세계 보건기구(WHO)는 번아웃 증후군을 의학적으로 인정되는 질병으로 분류한 바 있다. 스스로 번아웃 자가진단 하려면 아래 리스트를 참고하길 바란다.

□ 일하기에는 몸이 너무 지쳤다는 생각이 든다

□ 퇴근할 때 녹초가 된다

□ 아침에 출근할 생각만 하면 피곤해진다

□ 일하는 것에 부담감과 긴장감을 느낀다

□ 일이 주어지면 무기력하고 싫증이 느껴진다

□ 자신이 하는 일에 관심조차 없다

□ 주어진 업무를 할 때 소극적이고 방어적이다

□ 성취감을 못 느낀다

□ 스트레스를 풀기 위해 쾌락 요소(폭식·음주·흡연 등)만 찾는다

□ 최근 짜증이 늘고 불안감이 잘 느껴진다

1. 직장 내 인간관계 > 감정과 고민 공유하기

나를 위해 지치지 말고 공유해주세요

누가 나를 괴롭혀서도 아니다. 그저 업무 스타일과 우선순위가 다른 개인들이 협력하여 공동의 목표를 향해 나아가며 맞춰가는 과정에서 스트레스를 받는 건 불가피하다.

다른 이의 효율성을 위해 내가 더 양보하고, 좀 더 심하게는 '희생'해야 하는 상황이 종종 발생한다. 내가 중요하다 생각하는 우선순위를 포기해야 하는 경우가 특히 많아질 때 참 힘들다.

나의 경우 업무량은 많은데 사람들이 나를 보는 시선이 무서워서 모든 걸 해내려고 스스로 몰아붙이는 행위를 반복했었다. 스스로에게 높은 기준을 적용하는 건 좋지만 심하면 자책하고 채찍질하게 된다.

더 잘할 수 있지 않았을까, 하고 만족하지 않게 된다. 모든 팀원들이 원하는 걸 해주고 모두를 만족시키려 다가 조금씩 지쳐갔다. 팀원들 몇몇이 "힘들지 않냐"고 물을 때마다 "힘들지 않다"고 대답했다. 그러지 말았어야 했다.

점점 번아웃이 찾아오고 지치자 내 팀에게 실망하기 시작했다. 그들이 잘못해서가 아니라 나는 이렇게 노력하는데 팀원들은 나에게 조금이라도 맞춰주지 않는 것 같은 생각이 들었다. 하지만 내가 내 생각을 공유한 적이 없는데 그걸 그들이 어떻게 알겠는가.

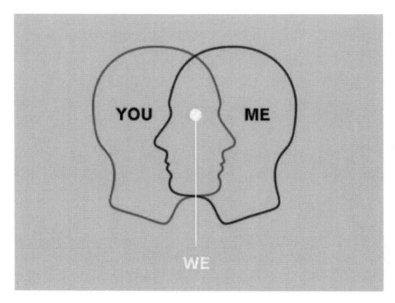

감정을 공유하는 스마트 기술

장기적인 좋은 팀워크를 위해서는 무조건 팀원들에게 다 맞추는 게 아니라, 내 감정과 의도를 방향성에 맞게 적절히 드러내는 것도 중요한 걸 이제야 알았다. "업무량이 많습니다. 조정해주세요" "우선순위가 헷갈립니다. 확실히 말씀해주세요" "저번에 이렇게 말씀하셨는데, 지시사항이 바뀌신 건가요?" 등 속으로 꺼내지 못했던 말을 이제야 한다.

아무것도 바뀌지 않을 수도 있다. 하지만 생각지 못한 해결책을 동료와의 대화를 통해 도출해내려면 내 감정과 고민을 공유해야 한다. 그래서 적절한 선에서 내 생각을 드러내는 법을 연습하는 게 중요하다.

2. 많은 업무량 > 우선순위 다시 세우기

업무량, 시간, 자원으로 나눠 내 역량 조절하기

열심히 하는 것과 잘하는 것은 다르다고 한다. 회사의 우선순위와 내가 열심히 하는 것이 맞지 않으면 헛수고다. 내가 중요하다 생각하는 것에만 집중하는 건 장기적으로 봤을 때 나를 지치게 한다. 회사가 내 생각을 동의하지 않는다면 소용없기 때문이다.

Project management 분야에서, 프로젝트를 매니징 할 때 크게 세 Scope을 조정한다. **시간, 범위, 범위** 중 밸런스를 맞추는 것이 중요한데, 하나가 늘어날 시 다른 하나를 줄여야 한다. 예를 들어 프로젝트 마감일이 앞당겨지면 배포 범위를 줄이거나, 혹은 예산을 더 투입하여 성공률을 높이는 방식이다.

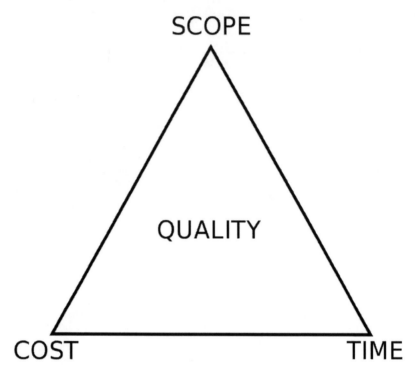

시간, 예산, 범위

이 Triangle을 업무 할 때 내 퍼포먼스에 적용해봤다. 바로 Workload(업무량), Time(시간), Resource(자원)다.

Workload(업무량)이 많을 땐 나에게 좀 더 많은 Time(시간)을 스스로 허락한다. 혹은 CEO, 팀 리더에게 더 많은 Resource(자원)을 허락해 달라고 부탁한다 (실력을 높이고 싶으니 온라인 코스 수강권을 구입해달라는 등). 이렇게 해야 스스로를 무작정 채찍질하는 게 아니라 객관적으로 내 역량이 어느 정도인지 파악할 수 있다. 동시에 '내가 나에게 조금은 관대 해지는 법'을 배운다.

회사 내에서 내 퍼포먼스의 목표를 하나 크게 세우고, 이걸 성취하기 위해 위의 세 가지로 역량을 분류해보는 걸 추천한다. 그럼 어디에 집중해야 하고 무엇을 줄여야 할지가 보인다. 내가 굳이 채찍질하고 힘들게 달리지 않아도 적은 시간으로 효율적인 성과를 낼 수 있는 방법을 찾을 수 있을 것이다.

3. 이유 모를 지침 > 은둔하기

최근에 읽은 [은둔의 즐거움]이란 책에서; 고독을 어떻게 활용하는지에 따라서 삶의 역할이 바뀌고, 나를 충전하고 위로해주는 안식처가 된다고 했다. 개인이 성장하고 행복하고 자유로워지려면 공동체를 떠나 혼자 웅크리는 시간이 반드시 필요하다는 것이다.

혼자만의 시간을 어떻게 활용하는지에 따라 불행을 잘 건널 수도 있고, 삶의 역할을 바꿀 수도 있으며, 나를 충전하고 위로하는 안식처로 삼을 수도 있다. 은둔은 더 이상 방안에 고립된 외톨이들의 전유물이 아니며, 세상에 다시 나설 용기를 주는 마음 챙김의 충만한 시간으로 탈바꿈할 수 있다.

환경을 바꿀 수 없다면 나를 바꾸는 것 밖에 답이 없다. 세상을 보는 내 시각을 더 성숙하게 바꾸는 방법은 멀리 훌쩍 떠나는 게 아니라, 있는 곳에 숨어 나를 성찰하는 시간을 갖는 게 맞다.

최근에 이 책의 내용에 많이 공감하게 된다. 누군가에게는 '은둔' 휴식이라는 게 한강 뷰가 잘 보이는 카페에 가서 책을 읽거나, 캠핑을 가거나, 별이 잘 보이는 곳으로 여행을 가는 것일 수도 있고, 취미를 하나 정해 집중하는 것일 수도 있다.

나에게는 브런치 같은 플랫폼에 내 생각을 적어 내려가거나 과거에 적은 일기를 읽는 게 큰 도움이 된다. 나를 돌아보며 내가 어떤 사람인지 복습하며 미래를 대비하는 과정이다. 여러분도 여러분에게 맞는 '은둔처'를 찾아 쉼의 시간을 허락하길 바란다.

이른 사회생활을 통해 남들보다 일찍 깨달아 다행이라 생각하여 나 스스로에게, 또 친구들에게 항상 하는 말이 있다; 제발 스스로 관대해지자. 미래를 위해 현재를 희생하라는 말은 채찍질하라는 게 아니라 하루를 최선을 다해 살라는 뜻이다. 오래 달리기 위해 나를 조금은 놓아주는 것, 참 어렵지만 연습해야 한다. 우리 현대인들은 달리는 법만 알고 쉬는 법을 모른다.

커리어를 발전시키는
퇴근 후 부업 4가지

직장 공부도 하고, 동시에 돈도 버는 꿀팁

나는 내 커리어 공부도 중요한데 부업도 동시에 하고 싶다면. 자격증 공부해야 하는데 수익 파이프라인도 동시에 늘리는 작업을 하고 싶다면? 두 개를 겹치면 된다.

나는 내가 하는 모든 것을 돈으로 만들어내고 싶은 욕심이 있다. 마침 수익 파이프라인도 조금씩 늘리는 중이라 아래 방법들을 다 해본 건 아니지만 모두 내 To do 리스트에 올려져 있다. 여러 유튜브를 찾아보다가 얻은 아이디어고, 지금 모두 진행 중이다. 돈이 많이 들어오는 건 아니어도 앞으로 내 가치를 올리는 데 반드시 필요한 작업이라 생각하니 추진하게 된다.

1. PDF 전자책

내가 아는 지인들 몇몇은 자취방 이야기, 제주로의 여행, 베이킹이나 식물 등 취미 관련한 글을 다 모아 PDF로 소설 혹은 정보성 글을 써서 파는 분들이 계시다. 여기서 아이디어를 얻어 나도 공부하고 있는 자격증 관련해 정리한 노트들을 짜깁기해 팔기로 했다.

예를 들어 지금 CAPM (준 PM 국제 자격증)을 준비 중인데, 한국판과 영어판 교재를 비교하며 읽다가 소프트웨어 제품 회사에 다니는 많은 사람들이 외국인과 비즈니스 관련하여 소통할 때 잘못된 단어를 사용한다는 것을 알았다.

소프트웨어 제품 관련하여, 개발자와 디자이너와 일할 때, 특히 같이 일하는 동료들이 외국인이라면 비즈니스 협업 때 사용할 영어 단어를 공부하고 싶지 않을까 생각했다.

그래서 이런 케이스에 해당되는 사람들을 타게팅 해 실무 영어 단어 모음집을 엮어내 전자책으로 팔아보려고 했다. 이런 엮어내려면 나도 CAPM 교재를 공부해야 한다. 한 장씩 읽고 노트에 필기하며 출판에 엮어낼 단어는 따로 끄집어내 저장하고 내 말로 쉽게 풀어 쓰는 작업이 필요하다.

전자책을 올린 플랫폼은 구글로 찾아보면 너무나 많다. 크몽, 인프런, Class 101 등이 있으니 비교해보고 내 전자책이 가장 많이 노출될 수 있고 내 전자책의 주제를 가장 필요로 할 대상이 많은 플랫폼을 선택하는 것이 좋다. 책이 팔릴 때 플랫폼 측에서 떼어가는 수수료도 고려해보는 것이 좋다.

2. 플랫폼 온라인 강의

Class 101, 인프런, 크몽 같이 온라인 강의를 준비하는 것도 추천한다. 나의 경우 Class 101을 통해 전문가로 등록하여 내가 하고자 하는 커리어 강의를 커리큘럼을 짜 올렸었다.

전문가가 되고 싶은 사람에게 Class 101은 체계적으로 단계를 밟아 정보를 입력하게 한다. 잘 따라가며 Unsplash(www.unsplash.com)에서 저작권 없는 비즈니스 사진 아무거나 다운로드하여 사진을 업로드해야 하는 곳에 올린다. 어떤 강의인지 소개하는 내용과 총 몇 가지 코스로 운영할 건지 초안을 잡으라고 지시한다. 그대로 따라서 쓰면 된다.

이 과정이 끝나면 Class 101 메인 페이지에 등록되며 수요조사가 시작된다. 사람들이 "응원하기"를 눌러주는데 그 숫자로 내 클래스가 얼마나 인기가 많을지 확인할 수 있다.

수요 조사가 끝나고 반응이 나쁘지 않았다면 전문 PD가 붙는다. PD가 내 강의가 사람들을 더 끌어당기기 위해 개요와 사진을 어떤 걸 쓰면 좋겠는지 등 전문적인 피드백을 준다. 이후 커리큘럼도 같이 더 스케줄을 정해 구체화하고 영상을 찍는 꿀팁도 알려준다.

필요한 건 PD와 모두 상의하면 되는 것이다. 인프런, 크몽도 비슷한 맥락으로 진행되는 것으로 알고 있다. PD와 영상 톡으로 이야기하며 알게 된 것이, **커리어 관련 강의는 처음에는 수요가 높지 않을 수 있지만 장기적으로 봤을 때 수요가 점점 높아져서 가장 메리트가 크다고 한다.** 내 몸값이 더 올라가고 셀프 브랜딩 될수록 강의 수요도 커지니 꼭 시도해보면 좋을 경험이다.

나는 PM으로서 프로젝트 관리용으로 실무 툴을 쓰는 방법을 사람들과 나누고 싶었다. 관련하여 영어로 된 문서가 많아 사람들이 정보를 찾는데 힘들어하지 않을까 하는 생각에 만들어봤는데 분명 수요가 있을 것 같았다.

Class 101이 인프런보다 더 적합할까 고민이 되긴 하는데, 일단 시도해보고 후기를 나중에 여러분과 공유하겠다. Udemy 등 영어 온라인 플랫폼에 영어로도 올릴까 고민 중이다.

3. 구글 애드센스 티스토리 블로그, 브런치

"절약왕 정약용" 선생님의 유튜브를 보다가 직접 실천해보고 성공적으로 수익 파이프라인이 만들어져서 여러분께 적극적으로 추천하는 방법이다.

티스토리 블로그를 하나 개설하여 하루에 한 개씩 글을 올린다. 나의 경우 일주일에 한 번씩 짧은 카페 후기 글 (내가 카페를 워낙 좋아해서 쓸 콘텐츠가 많았고, 찍은 사진을 어디에 풀고 싶기도 했고, 앞으로 공짜로 카페를 이용하고 후기를 올려 커피값을 아낄 큰 그림을 그렸다.)을 7개 만들어 하루에 한 개씩 풀리도록 예약 업로드 했다.

글 올릴 플랫폼, 많지만 똑똑하고 전략적으로 쓰자!

그렇게 2주째 구글 애드센스에 가입해 신청하면 몇 주 안에 내 티스토리 블로그를 검토하고 승인을 해준다. 나는 3번 이상을 거부당했는데 글의 퀄리티가 높았음에도 네이버 블로그에 비슷한 글을 올려놓아 복사/붙여 넣기 처리하고 있다고 판단되었나 보다. 과감하게 네이버 블로그 글을 모두 삭제하고 운영하지 않기로 했다.

구글 애드센스에서 승인을 받아 미국 세금 심사 요청까지 승인 받고 내 티스토리 블로그에 이제 광고가 게재되기 시작했다. 이후 티스토리 블로그에 카테고리를 나눠 카페 후기, 일상 글, 커리어 관련 글을 연재한다. 꾸준히 연구하며 하다 보면 수익이 오를 것 같아 기대가 지금은 크다.

그리고 티스토리에 올린 동일한 글을 브런치에도 올리면 좋다. 브런치는 출판에 야망이 크신 분들, 자기만의 책을 내고 싶으신 분들이 많아서 인맥을 쌓기에도 아주 훌륭한 플랫폼이다. **여기서 글을 30개 정도 발행하면 종이/전자책을 무료로 발행할 수 있는 "부크크 프로젝트"에도 참여할 수 있다.**

같은 글 발행으로 티스토리에서 수익을 내고, 브런치에서 인맥을 쌓고, 종이책으로 출판해 작가도 될 수 있는 어마어마한 기회이니 안 할 이유가 없다.

4. 커피 챗

소중한 직장 동료가 알려줘서 가입만 해보았다. 신청이 들어와도 시간이 없어서 아직 못하고 있지만, 등록을 추천한다.

커피 챗은 일대일 익명의 음성 대화를 통해 커리어와 비즈니스 정보를 교류할 수 있도록 인맥을 연결해주는 서비스다. 궁금한 직무, 업종, 회사에 다니고 있는 사람을 찾아 신청하면, 커피 값 한 잔을 내고

20분 정도를 그 사람과 대화할 수 있다.

 해외에는 이미 많이 있는 서비스라고 들었다. 출시된 지 얼마 안 된 앱이지만 참 잘 되어 있어서 놀라웠다. 등록도 해보고, 실제 써보는 것도 추천한다. 등록하는 데는 회사 이메일 인증 등 나름 까다로운 절차가 있지만, 일주일 이내 승인을 도와준다.

홍대 사는 힙한 사회초년생입니다

직장인이라 주말에 일하냐고요? 아니요, 밤새 놀아요

나는 양쪽 귀에 피어싱을 각각 다섯 개, 두 개씩 뚫었다. 여름에는 시원한 민소매 탱크탑 입기를 좋아하고 한 달에 한 번씩 헤어클리닉에 정기적으로 7만 원씩 쓴다. 클럽을 자주는 못 가도 춤추러 가는 거 꽤 좋아하고 홍대, 이태원, 성수 근처 힙한 카페와 펍은 다 안다. 뮤지션, 댄서, 스케이트 보더들 파티에 초대받으면 반드시 간다.

직장 웹툰 만화를 그리거나 브런치와 티스토리를 쓰는 등 작업이 필요하면 조용한 카페보단 신입 DJ 음악이 플레이 되는 복합 문화공간을 찾는다. 자주 만나는 타투이스트 친구가 있다. 도안 그리는 데 몇 시간이 걸린다면 그 친구는 작업하고, 나는 옆에서 내 일을 한다.

힙한 공간을 찾다 보면 불가피하게 클럽거리를 지난다. 어제 새벽 두 시까지 놀았던 펍이 눈에 보여 인스타 계정에 들어가 보면 새롭게 초대될 DJ들 리스트가 뜬다. 갈까 살짝 고민하다가 작업할 양이 많으니 친구와 깨끗이 포기하고 일이나 하기로 한다. 작업이 일찍 끝난다면 30분이라도 즐기고 집 가지 않을까.

홍대 9번 출구 앞에 스케이트 보더들이 새벽 한 시 정도 나와 연습하는 광장이 있다. 낮에는 버스킹 장소였지만 밤에는 그들의 세계다. 타는 거 보면 짜릿한 게 금방이라도 타다가 뼈 부러질 것 같이 과격하게 탄다.

걷다 보면 독특한 패션의 길거리 사람들을 보는데 머리 전체 색을 파란색과 분홍색으로 염색하고 만화에서 튀어나온 듯한 드레스 입고 다니는 분들 많다. 이해 못 해도 예쁜 거 인정한다. 남들의 시선을 원하는 건지, 신경 쓰지 않는 건지 모르겠지만 나와 다른 그들의 모습이 나에게는 신선해서 좋다.

여기는 인스타그램 사용하지 않는 사람들이 없다. 전화번호 대신 인스타를 교환하며 서로가 서로를 모두 안다. 다양한 커뮤니티 지인들이 다 연결되어 있어 얕게 친구를 만나 즐기기도 쉽다.

여기는 사람들이 정착하지 않는다. 외국인들이 많은 이유는 다양한 나라에서 교환학생들이 학기마다 교체되며 오기 때문이다. 새 얼굴들이 끊임없이 보인다. 거주민으로서 다들 떠나갈 사람들이라는 걸 안다. 여기는 그래서 조심스럽게 친구를 사귀어야 하는 곳이다. 넓고 얕은 관계를 추구하는 사람들에게 적합한 곳이다.

그래도 어쩌겠는가, 이 자유로움을 주말에 집 밖에만 나와도 만끽할 수 있다는 게 이리 아름다운 것을.

"

평일

월요일부터 금요일까지 출근하는 종각은 좀 진부한 편이다. 우선 높게 솟고 빽빽한 회색 건물들로 가득하며 정장 입은 직장인들이 노트북을 끼고 뛰어다닌다. 점심시간에 밥 먹으려고 보면 회식 장소로 딱 좋은 비싼 식당들로 가득하고 고즈넉하고 인테리어가 단순한 카페가 많다.

출퇴근 시간에는 지하철과 버스가 빽빽하고 나를 포함한 서 있는 사람들은 대부분 눈빛만 봐도 지쳐 보인다. 서로 신경 쓸 겨를 없이 집 가고 싶다는 생각이 가득한지 버스 탈 때 앞뒤 다퉈 안 보고 올라탄다.

그나마 이 지루한 평일 일상을 재밌게 만드는 건 일할 때 퍼포먼스를 내며 느끼는 희열감과 개발자, 디자이너 동료와의 수다다. 같이 일할 때가 가장 재밌어서 재택근무를 잘 안 하게 된다.

사무실 안은 인테리어가 예뻐서 잘 밖에 나가지 않으려고 한다. 내자리는 비누 꽃과 방향제를 데스크에 올려놓아 향긋하다. 방향제는 나무향이다.

우리 회사 CTO가 프랑스인인 만큼 워라밸을 추구하는 문화에 익숙한 나와 개발 본부 직원들에게 야근이란 존재하지 않는다. 우리는 언제나 칼같이 퇴근한다. 조금 늦게 가는 개발자들이 있다면 진심으로 일이 재밌어서 이거나, 아침에 늦게 출근하기 때문이라 믿는다.

대신 야근을 하지 않도록 가장 효율적으로 업무를 제 시간 안에 끝내려고 노력한다. 뇌세포가 열렬히 태워지는 느낌으로 몰두한다. 밤에 오면 훌륭한 수면의 질을 위해 건강한 수면 영양제를 섭취하고 푹 자도록 한다. 그래야 내일 또 다른 일을 시작할 수 있기 때문에.

가끔 퇴근하고 인사동, 익선동 거리를 간다. 고즈넉한 한옥 거리가 예뻐서 하염없이 걷는다. 옛날 카페에 들어가 개인 갤러리도 보고 팥죽도 먹는다. 야경이 예쁘고 조용한 거리가 정신없었던 평일을 정리하기에 완벽한 마무리를 선사한다.

자기 전 부모님과 전화하는 것도 잊지 않는다. 부모님은 내 인스타그램, 티스토리, 브런치를 전부 구독하신다. 내 스토리도 부모님께 모두 열려 있어서 내가 평일과 주말에 무엇을 하는지, 어디를 갔는지 모두 투명하게 보신다. 딸 혼자 서울에 살게 허락해 주시며 걱정이 많으실 테니 내가 잘 지내고 있음을 언제나 아실 수 있도록 하는 것이 예의라고 생각해서다.

"

주말

카페나 식당을 찾아다니거나 밤새 노는 건 기본이지만, 나 스스로 보내는 시간도 잘 확보해야 한다. 시간 분배를 잘해야 한다.

나는 준비하는 자격증과 하고 있는 부업이 많다. 온라인 강의도 준비하고 있고, 전자책을 내고 싶어 글을 정말 많이 쓴다. 읽고 싶은 책도 많아서 쌓고 자기 전에 읽는다. 아침에 일어나서 오후 세 시까지는 거리가 잠잠하니 (아마 어제 늦게까지 파티를 즐긴 친구들이 자는 시간이기 때문일 것이다.) 그 시간을 틈타 일을 모두 끝내 놓는다.

일요일에는 교회를 간다. 외국인 예배를 다니는데, 필요하다면 예배 시간에 가끔 피아노 반주를 해준다. 어릴 때부터 교회에서 반주했던 나로서는 반갑게 기꺼이 도와줄 수 있다. 청년부 3시 예배도 빠지지 않고 참석한다. 후에 공동체 모임이 있어 밥 먹고 저녁을 먹으러 가거나 한강 드라이브도 간다. 내게 원하는 것 없이 나 자체를 좋아하고 관심 있게 지켜봐 주는 사람들로 가득한 이 공동체가 내게 소중하다.

뮤직 앱으로 유튜브 프리미엄을 애용한다. 갤러리 갈 때 듣는 앙리

마티스 뮤직, 클럽 뮤직, 재즈 뮤직, 자기 전 듣는 뮤직, 중국 뮤직, 프랑스 뮤직 등 카테고리를 만들어 상황에 따라 플레이한다. 요란한 생각에 편안한 음악이 필요해서인지 Gospel 노래를 자주 듣는다.

———— 🔖 ————

노는 걸 정말 좋아한다. 놀 때 어느 누구보다도 잘 논다. 그런 일상의 다른 나로 생활하는 게 익숙하다. 항상 워커홀릭으로만 살지 않아서 얼마나 다행인지 모른다.

나는 직장을 사랑한다. 인생을 살아가는 데 필요한 교훈과 생존 방법, 희열감을 통해 내일을 꿈꾸게 하는 좋은 자극제이다. 하지만 똑똑하게 하루하루를 산다는 것은 돈을 모으며, 자격증 공부도 하고, 하루하루 커리어를 발전시키는 착실한 직장인으로만 평생을 보내라는 뜻이 아닐 거다.

하도 다른 정체성과 가치관을 가진 오늘만 사는 사람들이 대부분인 홍대와, 하나의 공통된 목표와 결과물을 내기 위해 전력 질주하는 엄청난 역량의 직장인들이 모인 종로를 드나들며 많은 생각이 교차한다.

한 공간에만 어울리는 사람이기보단, 환경이 다른 어느 곳에서도 적응하는 유목민 같은 인생을 선호한다. 결혼하고 아이를 가지기 전까지는 어느 한 곳에 정착하고 싶지 않은 말을 어제도 직장 동료에게 했다.

홍대와 종로 두 공간을 모두 사랑한다. 하지만 언제든 이 두 공간을 떠나갈 준비가 되어있다. 앞으로 자유로운 유목민 같을 내 인생에 스치는 인연으로 남을 수도 있는 곳들이다. 깊게 들어가지도, 그렇다고 두 공간이 주는 재미를 아예 누리지 않고 싶지는 않다.

평일에는 뇌세포를 태우는 수준으로 일하고, 놀 때는 밤을 샐 작정으로 놀고, 일주일에 적어도 나를 위한 하루 시간을 확보하고 싶은 작업을 하는 것이 내 일상에 활력을 넘치게 한다. 에너지 드링크를 콸콸 쏟아붓듯. 앞으로 이런 자유로운 생활을 얼마나 더 할 수 있을까, 하는 생각에, 오늘도 난 집 밖을 나가 어딘가로 향한다.

사회초년생에게 야심 찬 목표는
부질없어요.

헛된 희망이 될까 봐 가까운 현실만 계획하는
ESTJ입니다

꿈을 크게 꿔라, 목표를 높게 잡으라는 조언은 진부하다.

사회에 나를 맞춰갈수록 내게 요구되는 것들이 끊임없이 늘어난다. 처음에는 열정적으로 모든 조건에 충족되려고 나 자신을 갈구다가, 다 해내지 못할 것이라는 자괴감과 요구되는 것들이 끝이 없다는 허탈감에 꿈꿔왔던 목표를 놓아버리는 일이 허다했다.

그래서 나는 목표를 높게 잡지 않는다. 5년, 10년 후 나의 미래를 상상하라는 "어른들"의 조언을 절대 듣지 않는다. 그렇게 희망하고 이루지 못하면 헛된 희망이 되었다는 자책으로 돌아올까 겁나기 때문이다. 나는 오늘과 내일은 어떻게 생존할까 고민하기에도 바쁘다.

66

사회는 각박하다. 내가 항상 부족하다고 한다.

모든 프로젝트에는 '변수'를 뜻하는 '버퍼(Buffer)' 개념이 있다.

내 인생 자체를 프로젝트로 놓고 보면 거의 매일 변수를 만났다. 학교를 그만둔 열 살부터, 문과생으로 IT에 취업해 나를 찾아 헤매는 지금까지 터득하며 가까스로 걸어왔던 길을 위해 남들보다 훨씬 치열하게 달렸다고 자부한다.

그럼에도 불구하고 나는 나 자신에게 만족한 적이 없다. 이제 되었 겠지 싶다가 지금으로는 절대 부족하다는 메시지를 끊임없이 주변에 서 받는다. 더 인정받으려고 노력하고 만족시켜도 고맙다는 인사 또 한 받기 힘들다. 받기만 하고 내게 가져가기만 하는 인간관계, 회사, 사회에게 지쳐간다.

점점 동기를 잃어가며 달리던 발이 느려진다. 나는 충분히 준비하 였는데, 내가 무얼 위해 이리 뛰고 있는지를 생각한다. 모든 변수는 헤쳐가면 그만이었고 다 이겨낼 자신이 있었는데 내가 달리는 길과 환경이 변수 그 자체 같다는 생각이 든다.

66

나는 오늘과 내일을 생존하기에 바쁘다.

인간관계와 직장에서 나를 부러뜨리려고 하는 게 참 많았다. 그래 도 꿋꿋하게 참고 가만히 있는 내가 나 자신을 자랑스러워야 하는지, 아니면 내가 멍청한 건지 모르겠다.

회사 내에서 나에 대한 말도 안 되는 소문이 돌았었다. 심지어 술자리에서 중요한 리더 중 한 명도 그걸 믿는 듯한 발언을 했단 소리를 들었다. 내가 바친 충성심, 밤늦기까지 열정 바쳐 작업한 모든 것들이 허무하다. 그저 술김에 한 소리이겠지만 상처를 크게 받아버리고 말았다.

가깝게 지내던 동료가 사실이 전혀 아닌 것에 대해 나의 욕을 했다는 간접적인 언급도 들었으며, 내가 들어보지도 못한 프로젝트에 관해, 내가 해당 프로젝트를 망쳤다는 얘기를 했다고 들었다. 나는 누구에게 가서 사실이 아니라고 말해야 하는지 어안이 벙벙하다.

자랑스럽게 작업을 마치고 팀 부서 사람들과 나눴다. 팀에 기여했다는 기분에 행복했다. 몇 개월 후 다른 부서가 내가 만든 문서를 잘 쓰고 있는지 궁금해서 점심시간에 살짝 물어봤는데, 다들 그 문서가 내가 만든 것이었냐고 묻는다. 깜짝 놀라 재차 물어보니 팀 부서 내 다른 팀원이 만든 문서로 모두가 알고 있었다. 이 외 나의 퍼포먼스 절반이 다 그 사람 것이 되어 있었다. 아차, 사람을 쉽게 믿은 탓에 내 것이라 주장할 타이밍을 놓치고 말았다.

개발자 팀원이 팀 내에 필요한 절차와 PM팀에게 바라는 점을 리스트업 하여 나에게 주었다. 그걸 읽고 마음속에서 열정이 샘솟아 하나씩 필터링해 나의 팀 구성원들과 공유하려고 했다. 공유하니 반응이 없어 나 혼자 하나를 골라 작업을 시작했고 개발자가 요청한 문서를 거의 완성했다. 근데 상급 팀원이 문서 권한을 자기에게 넘기라고 한다. 더 회사에 오래 있었고 해당 기능을 잘 아니 자신이 완성하겠다고 가져갔다. 하지만 문서는 이미 거의 완성된 상태다.

상급 리더가 시키는 대로만 하면 나를 싫어하는 직장동료들이 생겨났다. 이유 없이 어떤 동료가 나를 싫어했던 기억이 난다. 내 상사가 하는 일을 그대로 실행하는 내가 싫은 건지, 아니면 나란 사람 자체를 싫어하는 건지 모르겠다. 최선을 다해 일하고 있는데 아무리 생각해도 내가 잘못한 게 무엇인지 모르겠다.

사무실에서 유독 기분이 좋은 날이 있었다. 점심시간이었고 시끌벅적 분위기가 무르익는 때 어깨를 들썩이며 노래를 흥얼거렸다. 갑자기 반대편에 앉은 디자이너 동료가 "시끄러우니까 노래 부르지 마요"라 소리친다. 뒤편에 수다를 떨고 있던 개발자들도 다 같이 조용해진다. 모두가 조용히 해줬으면 좋겠는데 마침 내가 가장 만만해 보였나 보다. 싫은 말을 하기에 내가 가장 쉬워 보였나 보다.

하루라도 퍼포먼스를 내지 않으면 눈빛이 달라지는 팀 리더의 태도가 불안하여 스스로를 옭아맸다. 업무공간에서, 또 사적인 관계에서 문제가 끊이지 않는 걸 보면 아무래도 힘든 일과 기쁜 일은 동시 진행된다는 사실을 인정하기 싫지만 받아들여야 하나보다. 그런데 그 힘든 일들이 자꾸 분명하게 수면 위로 떠오르니 눈에 보이는 게 부담이 된다. 다 내가 해결해야 하는 것처럼 느껴지고 내 책임인 것 같다.

갑자기 상사가 교체되었는데 새로운 상사가 요구하는 프로젝트 매니저로서 역량이 전 상사가 강요했던 역량과 전혀 다르다. 직무 정체성에 혼란이 오고 지난 시간 동안 내가 키웠던 역량이 팀에 정말 기여하는 역량이었을까 하는 의문이 자꾸 들어 고통스럽다.

팀원들 몇몇이 퇴사하며 맡던 일들이 모두 내 것이 되었다. 업무량이 많아져서 리더들에게 이에 대해 고충을 털어놨지만 결국 내가 해결해야 하는 것 같다. 내가 나를 너무 과대평가한 걸 수도, 비효율적으로 일할 수도 있다는 생각이 든다. 이건 내 문제일까, 아님 뭐가 잘못된 걸까. 내 욕심일까? 어디서 어긋난 걸까?

66

다시 믿는 연습을 오늘도 한다.

그렇게 느낄 필요 없는데, 특히 회사라는 공간에서 이런 내 책임감이 아무것도 해결해주지 않을 것이라는 거 아는데, 그래도 다 괜찮아질 거라고 다시 믿는다. 다시 믿는 연습을 오늘도 한다. 사람을 신뢰하기로 해보고, 다 잘될 것이니 조금만 더 참아보자고 스스로를 다독인다.

커리어적으로 고민하는 것 이상으로 내가 힘든 부분은 이제 그만 나 혼자 아등바등하고 싶지 않다. 뭔가 잘해보려고 힘들게 지내는 것이 과연 내게 어떤 도움이 될까?

포기할 줄 알고 싶다. 과잉 열정도 내게 해가 된다는 걸 점점 깨닫고 있다. 그래도 열정적이고 싶고 그저 내 정신적인 건강을 해치는 것만 아니었으면 한다. 그 사이 밸런스를 찾는 게 정말 쉽지 않다.

관계를 끊을 줄 아는 것도 실력인데 그것조차 잘 되지 않는다. 잘 끊는 것도 어른이 되는 과정인 것 같다. 바꾸는 것이 어렵다고 생각할 때, 나의 건강에 해롭다 판단될 때.

❝

생각과 고민이 너무 많아 미치겠다.

MZ 세대는 가장 풍족하지만 한국 역사상 가장 고민이 많은 세대라는 말을 들었다. 사회에 한 걸음을 내미니 고민거리와 사회적 과제가 폭포수처럼 쏟아지고, 수많은 정보 속에서 내게 해롭지 않은 것들을 골라내는 것이 전혀 쉽지 않다.

사회초년생에게는 요구되는 게 너무나 많다. 나를 함부로 보는 사람이 많은 것은 너무나 당연한 현상 같다. 인간관계에서 참 많이 짓눌린다. 내리 꽂히는 이해할 수 없는 일들이 생길 때마다 주눅이 든다.

인간관계를 어떻게 헤쳐내 가야 하나 하는 고민이 크다. 좋은 것, 나쁜 것을 한눈에 보고 구분하는 법을 배워야 하는데 그걸 어떻게 하는지 모르겠다. 그걸 모르니 점점 부정적으로 변해 가는 것 같다.

사람들의 말에 몰입하고 불쾌하지 않도록 주의해야 하는데 나는 그걸 집까지 가져와서 생각을 난다.

내가 처음 만난 사회는 이랬다.

"

그럼에도 불구하고 나는 오늘도 잘 해내 보련다.

나는 가까운 미래만을 계획하기로 했다. 내일을 생존하는 것에 더 중점을 두기로 했다. 목표를 이루는데 숨이 가쁘고 몰아쉬게 된다면 문제가 있나 돌아봐야 한다. 즐겁게 살아야 한다. 발걸음을 멈추고 내가 있는 곳을 둘러보아야 한다.

목표에 제한을 두기로 했다. 실현 가능하다 생각되는 것들을 쭉 나열하고 여기서 몇 가지만 해보기로 했다 나를 사랑하지 못하고 몰아치기만 하니 남들도 나를 몰아쳐도 되는 사람인 줄 알더라. 더 완벽하지 못할까 봐 고민하고, 사랑하지 못하느니 차라리 조금씩 목표를 가지고 성취할 때마다 나를 위로하며 내 감정을 관리하는 것이 훨씬 낫다는 걸 알았다.

열심히 노력해도 내게 주어지는 결과물이 적을 때의 허탈감과 실망에 빠지지 말기로 스스로를 다잡는다. 삶을 열정적으로 사는 태도가 수그러들지 않도록 더 잘 해내고 싶다. 나 자신을 몰아치지 말기로 오늘 하루도 다짐한다.

"

조금씩만 쌓고 현실적으로 성취하기로 한다.

꿈을 꾸라는 말을 거부한다. 뭘 해도 기준이 높게, 완벽하게 하라는 말도 거부한다. 나를 우선시하기 위해 타인의 완벽함에 맞추지 않기로 했다. 회사보다, 주변 사람들보다, 그 어떠한 상황에서도 내가 먼저다. 그러니 나는 내 속도에 맞춰 성장해보겠다.

폭포수처럼 고민거리를 쏟아내는 사회에서 나 자신을 잃지 않으려고 오늘도 노력해 볼 거다. 앞으로도 가치관이 계속 바뀔 걸 알기에 모든 선택적 상황에서 옳고 그름을 심하게 검열하지 않기로 한다.

아프리카에서는 시간이
거꾸로 간다

지극히 주관적인, 사회초년생이 바라본 사회에서
나를 지키는 방법

죽어도 죽지 않는 법

케냐를 여행할 때 현지 친구와 오후 여섯 시에 만나 현지 시장을 들려 장을 보기로 했었다. 한참을 기다려도 친구는 오지 않았고, 미안한 기색 하나 없이 일곱 시 반에 나오더니 슬슬 갈 준비를 하자고 했다. 문화 체험을 하고 싶어 잔뜩 기대하고 있었는데, 결국 한 시간밖에 시장에 있지 못했고, 더 많은 걸 보고 싶었던 나는 화가 났다.

케냐 나이로비, 2020년 1월

226

그런 내게 그가 던진 한 마디는 '시장에 가고 싶었던 이유가 쇼핑을 하고 싶기 때문이라고 내게 말했다면, 늦지 않았을 거야. 나는 필요한 물건만 사면 되는 줄 알았어'였다. 제 시간에 나오지 않는 것에 사과하기 전에, 쇼핑을 하는 나의 개인적인 목표를 공유하지 않았다는 것에 더 불쾌하다고 내게 말했다.

그 친구만 아니라 내가 만난 대부분의 아프리카 시골 친구들은 시간 개념이 나와 참 달랐다. 과거, 현재, 미래를 직선적인 시간적 개념으로 이해하는 서구인과 우리들의 입장에서 보면 분명 낯선 개념인데, 대부분 **아프리카인은 정확한 시간 개념보다는 상황을 중시하는 경향이 크다.** 시간은 자연의 일부 중 하나라 우리가 바꿀 수 있는 것이 아니며, 바꾸려는 것은 자연을 거스른다는 것이다.

이 개념은 시간은 고무줄처럼 늘리다가 줄일 수 있는 자연현상이며, 자연현상을 중시하고 사람을 모든 활동의 근본으로 생각하는 아프리카 전통 종교적 철학을 반영한다. 생산성을 따진다면 서구식 시간 개념이 더 효율적이지만 철학적으로 무엇이 더 옳은가를 본다면 생각이 깊어지는 질문이다.

지금 설명하는 아프리카 사회의 시간적 개념은 동부 아프리카 스와힐리 사람들 중심이다. 우선 **첫째, 그들은 시간을 일어난 사건으로 생각한다.** 너무 먼 미래는 '없는' 시간이나 다름이 없어 '노타임(No time)'으로 표시한다. 가까운 미래는 곧 일어날 일이니, 지금 하고 있는 일, 현재로 간주한다. 개인에게 가장 의미 있는 시간을 현재로 간주하는 것이다. **둘째, 시간이 뒤로 흘러간다고 생각한다.** 한 인간이 태어나서 지금까지 살아온 시기까지 인간이 보는 것은 과거밖에 없다. 현재의 나는 과거가 이루고 있는 나이기에 나는 미래가 아닌 과거를 보며 살아오는 것이다. 하고 있는 일을 통해 시간을 소비하고 과거를 채워가며, 미래에 대한 관심보다는 하루하루를 살아남으면서 쌓아가는 것을 시간으로 인식한다.

 반면 내가 사는 대한민국이라는 사회에서 시간은 "얼마나 생산적인가"와 연관된다. 우리에게 살아간다는 것은 목적을 달성하는 일과 동등하며, 시간을 효율적으로 쓰지 못했다면 "시간을 쓸모 없이 썼다."라고 판단한다. 시간이 우리를 따라 사는 게 아니라 우리가 시간에 따라 산다.

 이곳은 '사회적 성공'에 대한 확실한 척도가 있다. 우리 모두는 그 기준에 맞춰 살아가라고 학생 때부터 강요당한다. 무언가를 이루고 성취하는 것이 중요한 이유는 그를 통해 타인이 내 가치를 평가할 수 있기 때문이다. 명예와 부가 생존을 보장한다는 믿음에 세뇌된다. 남들보다 더 빨리 정상에 오르기 위해 앞만 보고 달린다. 어렸을 때 품었던 소중한 꿈을 잊고 우린 그렇게 현실에 지쳐간다. 남들과는 다른 개성 있는 삶을 살겠다고 다짐했던 나는 없고 어느새 안정적인 직장이 보장된다는 직업을 쫓아 자격증 시험 준비에 급급하다.

효율적으로 쓰기 위해 우리는 필요 없는 사람을 거르는 법을 배운다. 인연에는 모두 끝이 있다는 생각을 전제로 관계를 맺고, 성공을 위한 인적 자산으로 간주, 평가하고 나에게 필요한 가치가 충분한 인맥인지 평가한다.

생산적으로 시간을 쓰기 위해 우리는 학교 도서관에 10시간 이상 앉아있는 법을 배웠다. 같은 지식을 얼마나 더 많이 암기했는지를 두고 친구들과 경쟁한다. 효율성을 배우기 위한 모든 노력은 오히려 생산성을 저하시켜 따라오지 못하는 누군가를 기어이 만들어냈다. 우린 그들을 "사회 부적응자"로 정의했다.

나의 취미와 생각은 중요하지 않다. 그렇게 지식만을 쌓고 또 쌓다가 사회로 나와서야 비로소 묻는다; 나는 누구인가, 무엇을 위해 사는가, 내가 좋아하는 것은 무엇인가, 내 가치는 어디서 찾는가, 내 가치는 어떻게 정의하는가. '무엇'을 했느냐가 아닌 무엇을 '이루었느냐'가 중요해진 사회. 그걸로 내 가치가 판단되는 사회. '상황'보다 '시간'이 중요한 우리 문화가 만들어낸 폐해다.

사사(Sasa)와 자마니(Zamani)

다시 동부 아프리카 시간 개념으로 돌아가자. 이 시간적 관념은 두 단어로 정의된다; '사사'와 '자마니'. 사사는 현재와 예측이 가능한 가까운 미래를 뜻한다. 반면 자마니는 아주 먼 미래와 기억될 수 없을 정도로 먼 과거를 말한다. 즉 아주 오래된 묻힌 과거의 시간이다.

> 66
>
> 아프리카인의 시간 개념에는 종말이라는 개념이 존재하지 않는데, 이가 시간 개념에도 반영된다. 지나간 시간(과거)은 잊혀야 할 소멸된 시간이 아니라, 자연이 소멸을 허락하지 않는, 소멸되지 않는 개념이다. 어떤 것도 이 세상에서는 소멸이 될 수 없기에 자마니는 계속 존재한다.

예를 들어 아프리카에서 조상을 'Living dead', 즉 '살아있지만 죽은 자'로 부르는 이유는 조상이 죽었다고 생각하지 않기 때문일 것이다. 살아있는 후손이 그 조상을 기억한다면 그는 아직 사사에 있다. **즉 당신은 기억되는 한 살아있다. 왜냐면 잊힐 정도로 묻히지 않았기 때문이다.**

만약 기억하는 후손이 단 한 명도 없다면 조상의 혼령이 드디어 자마니에 있다고 할 수 있다. 종결된 시간, 신화의 시간, 거시적 시간이 자마니이다. 이렇게 오랫동안 이어져온 자마니에는 더 오래 산 조상들의 지혜가 담겨 있지 않을 수 없다. 그래서 아프리카 사람들은 신

또한 자마니에 살고 있다고 믿는다. 신은 법과 도덕, 윤리의식의 최후 보루에 거주한다. 그래서 자마니에서 질서와 평안, 도덕규범, 신성함이 나온다는 결론에 이른다.

이 말을 뒤집으면 이런 뜻이 된다; 육체가 죽었는데 기억되는 한 영혼이 살 수 있다면, 기억되지 않아 죽었는데 육체만 살아있는 인간이 있다는 거다.

앞만 달리는 우리 현대인들은 과거라는 시간으로 쌓아온 나의 경험, 생각, 가치관, 정체성을 돌아볼 시간이 없다. 그렇게 우리 스스로가 누구인지 모른 채 살아가는 우리들은 육체만 살아있는 인간들일까?

삶에 쉽게 지치는 이유는 '나'를 찾지 못해서이기 때문이라고 생각한다. 나는 과연 어떤 삶을 살아가고 싶은 지, 무엇을 좋아하는지, 내 취미는 무엇인지, 어떠한 가치가 있는지 모르기 때문이다. 세상이 정한 사회적 성공의 기준에 나를 맞추려고 앞만 보고 달리다가 나를 잃어버렸기 때문이다. 내 속에 세워진 기둥 하나 없이 그렇게 길을 잃어버린다. 나만의 철학, 정체성, 종교 없이 세상에 존재하는 수많은 목소리들에 휘둘려 허우적댄다.

{성공=가치}라는 그 공식

나는 암벽등반을 좋아해서 등산을 자주 간다. 내게 등산은 아름다운 장관을 보기 위한 길은 언제나 험난하다는 인생철학을 가르쳐주는 소중한 스포츠다.

최근 경쟁이 등산과 같다는 생각을 했다. 정상에 일찍 오르면 엄청난 성취감이 몰려온다. 하지만 뿌듯했던 순간도 잠시, 뒤쳐지던 사람들이 하나씩 올라와 내 옆에 서서 함께 장관을 바라본다.

❝

어차피 함께 정상에 서게 될 우리들인데, 사회 구성원으로서 같이 일할 사람들인데. 일찍 정상에 올라가 혼자 장관을 보는 것보다 일부로 길을 돌아가기도 하고, 다른 등산가와 대화하기도 하고, 쉼터에서 일기도 쓰며 등산을 통해 느끼는 소소한 기쁨을 곱씹는 게 훨씬 가치 있다.

나에게는 예쁜 삶을 살고 싶은 추상적이지만 확고한 꿈이 있다. 그냥 인생을 사는 것이 아니라 나만의 가치관, 주관을 갖고 뚝심 있게,

나답게 사는 인생을 꿈꾼다. 내가 경험한 모든 것, 접했던 많은 목소리를 곱씹고 또 곱씹어서 나만의 생각을 정리하고 '나'라는 사람을 발견해야 한다. 내가 정의하는 옳고 그름, 나의 사상과 종교, 법, 도덕, 윤리는 무엇인지 파헤치고 싶다.

그러려면 **나는 아주 자주 멈춰서 내가 현재 서 있는 곳을 둘러봐야 하고, 지나온 장소와 과거를 다시 들려보는 번거로운 짓을 해야 한다.** 과거 썼던 일기와 시집을 뒤적이며 현재 내 생각과 일치하는지 비교해보거나, 새로운 취미에 도전해서 나와 맞는지 시험해 보는 모든 것이 여기에 해당한다. 나에 대한 사소한 사실을 하나씩 알아갈 때마다 (내가 사람 왼쪽에 서는 걸 좋아하는 것, 갈색톤 립스틱이 잘 어울린다는 것, 음식에 청양고추 넣는 걸 선호한다는 것 등) 참 즐겁다.

아프리카 시간관념에 따르면 누군가가 나를 기억하는 한 내 영혼은 죽지 않는다고 했다. 나는 내가 나를 오랫동안 기억했으면 한다. 내 가치를 사회가 아닌 내가 정의하길 바라며 어떻게 효율적으로 살았는지가 아닌 무엇을 하며 성장했는지에 초점을 두고 살면 좋겠다. 끊임없이 새로운 나를 발견하고자 한 과거의 나, 발전한 현재의 나, 앞으로도 변화할 미래의 내가 기대되고 자랑스러운 이유다.

사회가 말하는 정상에 조금 늦게 서더라도 성공한 이은빈보다 가치 있는 이은빈이라는 타이틀이 더 매력적이다. 그 타이틀을 얻기 위해 노력하는 지혜로운 삶을 사는 내가 된다면, 난 꿈을 이미 이룬 걸 것이다.

아프리카의 선과 악: 다양한 가치관에 목마른 당신에게

사회의 옳고 그름과 나의 기준을 동일시하지 말 것

어떤 종교, 사상을 가지고 자랐든 사회생활 속 다양한 인간관계를 맺으며 수많은 가치관과 세상을 바라보는 시각을 맞닥뜨리게 된다.

거기서 배운 모든 것들을 조금씩 삶에 적용해보며 나에게 맞아가는 것을 시도하고 찾아가는 과정에서, 이상하게 어릴 때부터 교육받아 온 마음 깊숙이 심긴 가치관은 절대 없어지지 않더라. 내게는 충격적일 정도로 신기한 사실이다.

하지만 다양한 가치관을 배우는 건 중요하다. 내 세계와 다르지만 누군가에게는 소중한 생각들을 배우는 행위는 내 가치관을 객관적으로 돌아보고, 복습하고, 수정하고, 개선하는 계기를 준다. 나는 끊임없이 성장하게 되니까.

좋은 책을 읽거나 좋은 사람을 만나는 것은 같은 이유로 참 중요하다. 나만의 세상의 작은 우물이 깨지는 경험을 하게 된다. 사람들은 모두 자기 세계를 가지고 있는데, 이걸 깨기를 힘들어한다. 다른 세상을 간접 경험하면서 내 세계를 넓히고 보완해야 더 '우아하게' 세상을 살 수 있는 것 같다.

그래서 나는 내 세계에 없는 다른 사상을 배우는 걸 사랑한다. 지구 반대편 아프리카를 전공하며 인문학 관련 수업을 일부로 많이 들었었다. 옛날부터 지금까지 아프리카 대륙에 내려오는 전통 종교, 사상을 공부하다가 여러 면에서 감탄한다.

'내가 알던 것들이 다 맞다'는 고정관념이 깨지는 경험을 연속한다. 이런 것이 존재한다는 걸 안다는 것 자체만으로 새로운 시각에서 내 인생을 재해석하게 된다.

다만 주의할 점. 다양한 가치관 때문에 내 것이 흔들릴 때가 있다. 나의 시선에서 바라본 내 인생이 불완전해 보일 때, 중요한 결정을 앞두고 망설여질 때, 어떤 가치관/시각을 가져야 내게 유익할지 판단하기 어렵다.

"

그럴 때마다 우리 세계 바깥으로 시선을 틀어 지구 편 반대에 존재하는 다른 가치관이 기억해야 한다. 바로 '당신의 가치관을 지키며 사회의 가치관을 따르라'라는 가치관이다.

사회의 옳고 그름과 나의 기준을 동일시하지 말 것.

아프리카의 선악 개념

1) 벌을 받아야 악인이다.

줄루(Zulu) 족은 남아프리카 공화국, 짐바브웨, 잠비아, 모잠비크에 흩어져 살고 있는 민족이다. 19세기 남아프리카 공화국이 영국의 식민지가 되기 전 그들의 왕국이 있을 정도로 번성했던 민족이다.

이들 줄루 사회는 공동체를 중요시한다. 개인들의 관계가 정말 중요하며 이 비공식적 관계가 사회적 질서와 번영을 보장한다. 아프리카인의 비즈니스 법에서도 이가 반영되는데, 공식적인 비즈니스 관계 외에 비공식적 관계를 맺고 상대방에게 해를 끼치지 않는 '좋은 사람'으로 인식되어야 하는 것이 이들에겐 중요하다.

공동체 의식과 개인의 관계를 중요시 여기는 아프리카에서는 비공식적 관계가 일을 더 수월하게 만드는 경우가 훨씬 더 유리하기 때문이다. 개인의 관계는 다른 구성원과 밀접한 관계를 맺으며 때문에 마을 구성원과의 관계는 마을 질서 유지를 위해 필수적이다. 이런 사회 관계를 중심으로 선과 악의 개념이 형성된다.

이들에게 악은 재난, 질병 등 설명할 수 없는데 해가 되는 것을 설명하려고 고안된 개념이다. 친족 관계가 중요한 줄루 사회에서 악은 공동체에 반하는 행위를 일탈행위를 의미한다. 즉 어떤 행위가 사회 공동체에 악이 된다면 그 행위가 악으로 간주되는 것이다.

따라서 구성원의 행위가 사회적인가, 반사회적인가가 선악을 결정한다. 예를 들어 누가 살인을 했다면 살인을 한 것이 죄가 아니라, 슬퍼하는 피해자 가족의 심리상태에 악영향을 주었거나 마을 공동체의 명성에 먹칠을 하는 것이 사회적인 악이다.

이 행위로 인해 신이 분노해 공동체 전체에 벌을 준다고 하자. 한 사람의 과실은 집단 전체의 과실이나 다름이 없기 때문에, 처벌이 사회 공동체 집단 전체에게 가해진다. 그런데 그가 아무런 처벌도 받지 않았으며, 사회적으로도 피해를 주지 않았다면? 그럼 그는 '악'한 사람이 아니다. 살인을 저지른 자가 처벌을 받았을 때 그 사람은 악한 사람이 되는 것이다. 만약 처벌을 벋지 않았다면 그가 악한 사람이 아니기 때문이라고 생각하면 된다.

이들에게는 '악마' 또한 아프리카 신앙 속에 수천 년 동안 존재해온 '악한 것/그러한 행위'에 대한 개념이 구체적으로 형상화된 것이다. 시간과 공간을 통해 악의 의미와 모습은 달라져왔지만 여전히 끼치는 영향력은 악하다.

악을 절대적으로 결정짓는 요인은 사회와 구성원에 해가 되는지에 달렸다지만 구체적 기준은 사회적 맥락에 따라 결정되니 동시에 상대적이다.

2) 악이 정의되었다면, 그 반대가 모두 선이다

줄루인들은 악마는 인간에게 언제나 질병과 재난을 던지며, 이로부터 후손들을 보호하는 이는 '조상 혼령'이라고 믿는다. 악마는 움타카티라고 불리는데 이 움타카티는 여러 하수인을 두고 있다. 바분을 탄 늙은 여자로 묘사되는데, 생김새조차 줄루 사회에서 있을 수 없는, 상상할 수조차 없을 정도로 반사회적이다.

반면 조상혼령은 사회질서를 유지하기 위해 노력하는 영적 존재이다. 그렇다고 선을 조상혼령, 악을 악마라고 이분법적인 시각을 취하지는 않는다. **누군가에게 일어나는 이유 없는 악에는 조상혼령(선)의 책임을 묻고 가치를 재평가한다.**

줄루 공동체 안에서 정해진 가치와 질서는 마을 문화를 깊게 고려하여 창조되었을 가능성이 높다. 아프리카인들은 모든 사건을 해석하는 개인적인 관점을 사회적 맥락에 따라 형성한다. 점술가의 해석이 의뢰인에게 작용할 수 있는 이유도 공동체와 그 문화라는 끈으로 묶여 있기 때문에 가능한 것처럼 보인다.

공동체를 이해하는 구성원이 아니라면 점술을 통해 해석되는 논리가 이해될 수 없을 것이기 때문이다. 흔히 우리가 생각하는 논리는 지구 어느 상에서나 통용되어야 하는 질서이다. 어느 부분에서 오류가 발생하면 우리는 그 논리를 고치기를 꺼려하지 않는다. 그러나 이들의 논리는 오직 그들을 위해 존재하는 것이고, 마을구성원은 이를 인지하고 있다. 그 논리가 부족 구성원이 순응할 수밖에 없도록 마을의 질서를 훌륭하게 이끌어내는 게 감탄할 정도다.

흥미롭게 느껴지는 건 이들이 선악을 공동체적으로 정의한다는 것을 서로 인정하고 '각 개인이 세상에 대해 정의하는 선과 악, 옳고 그름'은 이와 다르다고 판단하는 것이다. 기본적으로 모두의 선과 악이 다름을 인정한다. 거기까지 인정하되, 공동체의 질서를 위해 정립한 선악 개념은 따로 두고 본다는 것이다.

즉 공동체 전체가 인정하기 전까지는 개인의 선악을 함부로 판단하지 않는다. '타인에게 해가 되는 모든 행위'가 공동체의 적이다. 공동체적 선악을 권유하지도, 정치 수단으로 사용하지 않고 순수하게 선악의 기준을 구성원들에게 거짓 없이 제시한다.

무엇이 다르고, 무엇을 배울 수 있는가

개인주의가 심한 우리 사회에서 공동체를 중심으로 사회를 바라보는 시각은 많이 퇴색되었다고 생각한다. 대부분의 현대인들은 자신이 속한 공동체에서 한 부분을 차지할 뿐 나의 행위가 사회 전체에 책임을 진다고 여기지는 않는다. **그래서 무엇을 '옳고 그름'의 기준으로 봐야 하는지를 두고 우리는 더 헷갈려 한다.**

그러나 갓 사회에 나온 나의 시선에서 바라본 우리 사회는 '개인의 선악'을 인정하지 않는다. 타인의 옳고 그름을 바라보는 시선이 다를 수 있다는 사실, 가치관에 차이가 있을 수 있다는 사실을 인정하는데 인색한 태도를 취하는 것처럼 보인다.

나는 모두에게 적용되는 옳고 그름의 진리는 반드시 있고, 있어야 한다고 믿는 사람이다. 하지만 적절한 선에서 차이가 상이한 '개인의 선악'을 인정하지 않아 파생되는 인간관계에서의 갈등, 종교 공동체의 결렬, 비즈니스 관계에서의 잘못된 피드백 자세, 부모와 자식 간의 소통 단절 현상을 정말, 많이 목격했다.

직장에서도 이런 개념을 아는 게 큰 도움이 되었다. 비즈니스에서는 옳고 그름이 없어야 한다. 금전적인 목표에 따라 옳아야 하는 선택은 반드시 있다. 하지만 '틀림'을 규정하는 건 항상 경계한다. 나의 '틀림'이 목표를 두고 볼 때 사실 틀린 게 아닌 걸 수도 있다.

시간은 없는데 옳고 그름을 빠르게 결정해야 경우, 차라리 줄루 사회 구성원들처럼 '공동체에게 해가 되는가'의 기준에서 해석해보는 것도 좋은 해결책이다. 내 개인적인 기준에 맞춰 살아가되 특정한 행위가 사회에 어떤 영향을 미칠지 고민해보는 것이다.

내 기준을 지키면서 사회의 기준을 맞춰간다는 건 어렵지만 너무나 중요하다. 내 기준과 사회 기준이 다를 수밖에 없다는 걸 인정하고 살아가는 것도 마음에 부담이 적다. 나를 포기할 필요도, 사회를 포기할 필요도 없으니 말이다.

대학에서 아프리카 전통사회를 공부하며 배운 깨달음이라 여러분과 공유하고 싶었다. 재밌게 읽었기를 바란다.

잘 될 거라 믿는 것에 대한 두려움

그래도 믿어보는 연습을 하는 게 어른이 되는

과정인 걸까

길게 산 것도 아닌 스물다섯 내 인생을 돌아보면 기억하기조차 싫은 끔찍한 과거의 순간들이 있었다. 한쪽 문이 닫히면 다른 한쪽 문이 열린다고 하는데 모든 문들이 닫힌 것 같아 절망스러웠던 시절들. 완벽하게 해결되고 수그려져 없어져버렸으면 좋겠지만 발버둥 대도 아직 남아있는 흔적들.

한 때는 내가 노력하면 충분히 인생이 원하는 대로 풀릴 것이라고 생각했다. 세상이라는 환경이 나를 기특하게 보고 적절한 보상을 해줄 것이라고 여겼다. 노력한 만큼 결과가 따라오는 때도 있었지만, 반대로 이유 없는 배신적인 상황도 닥쳤었다.

내 뜻과 방향대로 인생이 흘러가지 않을 때 내가 했던 결정들을 다시 점검하게 된다. 내가 뭘 잘못한 걸까, 어디서부터 시작해야 했나. 아무리 생각해도 그동안의 결정들이 모두 내게 이롭고, 옳았다는 결론만 나올 때 - 절망스럽다.

쓰라리게도 막막하고, 먹먹하고, 캄캄하게 내 앞을 가렸던 그 문제들은 완전히 사라지지 않은 채 아직 내 인생에 있다. 과거에 미루던 결정들을 해야 하는 상황이 닥칠 때, 외면하던 문제들이 수면 위로 드러날 때 당황한다. 단 한 문제도 저절로 사라지지 않고 내가 반드시 개입해야 했다. 반드시 내가 해결해야 했다. 그리고 보니 인생이 직장생활 같다.

아직도 풀리지 않은 문제들에 허덕일 때가 있다. 어떤 것들은 당장 해결할 수 없음을 깨닫는다. 마음 한 구석에 놓아두고 그 문제들과 같이 살아가는 법을 연습한다. 가끔 불쑥 생각나 나를 괴롭힐 때면 시선을 다른 데로 돌리고 현재에 닥친 일에 집중하려고 노력한다. 인생의 우선순위를 끊임없이 재설정한다.

—— 🔖 ——

조금이라도 위안이 되는 것이 한 가지 있다면; 과거 힘들었을 때 썼던 일기를 읽으면 그만큼 행복한 순간들도 그때 있었다는 거다. 반면 행복했던 걸로 기억되는 시절 썼던 일기를 읽으면 그만큼 힘든 순간들이 많다. 100을 넘지 않는 것 같다. 하나의 순간 안에 힘듦의 범위가 60이면 행복의 범위 40이 있고, 행복한의 범위 70이 있으면 힘듦의 범위 30이 있다. 밸런스가 절대 깨지지 않는다.

어떻게 보면 인생에는 완벽하게 행복한 순간도, 완벽하게 힘든 순간도 없다는 거다. 과한 기대를 하지도, 과한 절망을 하지 않아도 된다. 그럼에도 불구하는 나는 조금이라도 살아가는 순간들을 더 행복하게 만들려고 노력한다. 행복한 100을 만들려고 하다가 지쳐 쓰러지는 나를 종종 발견한다.

—— 🔖 ——

'믿음'이라는 것은 참 추상적이고 닿기 불가능한 영역이다. 이유 없이 일어나는 이해할 수 없는 사건에도 불구하고 더 잘 될 것이라는 희망을 가지려고 노력한다. 불안이 엄습할 때 조금이라도 빛을 보려고 노력한다. 내 판단이 틀렸을 거라고 믿어야 한다.

인간관계에서도 마찬가지다. 가깝고 사적인 관계에서, 또 직장이라는 공적인 관계에서 믿었던 누군가가 등에 칼을 꽂는 느낌을 연속으로 경험할 때. 사람을 절대 믿지 않겠다는 다짐을 하다가 다시 누군가를 신뢰하고 싶은 마음이 굴뚝같아진다.

기대하지 않으려는 연습을 해도 기대하고 믿게 되는 건 본성인가 보다. 어쩌면 감사한 일인지도 모른다. 힘듦과 바닥이 절망을 치지 않게 조금의 희망을 갖게 되니 말이다. 그렇게 더 살아남으려고 노력하다가 결국 살아남게 되도록, 우린 그렇게 창조되었을지도 모른다.

내가 나를 더 완벽하고 성숙하도록 단련한다고 해서, 매 순간 최선을 다한다고 해서, 상대방이 나를 신뢰하도록 모든 방법을 다 써본다고 해서 - 항상 예상대로 인생이 보답하진 않는다는 걸 깨닫는다.

이미 알고 있으니 자꾸 일깨워줄 필요 없는데 실망하게 되는 일들이 연속으로 나를 강타한다. 서럽지만, 깨달은 것에 비해 현실을 덜 인식하고 있기 때문이라 생각하고 오늘도 다시 일어나 하루를 꿋꿋이 살아가기로 한다.

  그 수많은 실망에도 불구하고, 더 잘 될 거라고 믿어보려고 한다. 익숙해지다 보면 인생의 원리가 보일지도 모르겠다. 더 깊은 절망도, 더 과한 행복도 없는 평탄한 인생에 만족하며 적절히 살아가는 법을 배우는 것이 지금 나에게 너무나 필요한 때다.

  스물다섯 파이팅.